《综合日语》第二册
教师用书

主　编　彭广陆

副主编　何　琳

编　者　董继平　何宝娟　孙佳音

　　　　石冈静音　大和启子

图书在版编目(CIP)数据

《综合日语》第二册教师用书 / 彭广陆主编. —北京:北京大学出版社,2007.2

(综合日语系列教材丛书)

ISBN 978-7-301-11617-3

Ⅰ. 综⋯ Ⅱ. 彭⋯ Ⅲ. 日语－高等学校－教学参考资料 Ⅳ. H36

中国版本图书馆 CIP 数据核字(2007)第 020160 号

书　　　名:	《综合日语》第二册教师用书
著作责任者:	彭广陆　主编
责 任 编 辑:	许耀明
标 准 书 号:	ISBN 978-7-301-11617-3/H・1736
出 版 发 行:	北京大学出版社
地　　　址:	北京市海淀区成府路 205 号　100871
网　　　址:	http://www.pup.cn
电　　　话:	邮购部 62752015　发行部 62750672　编辑部 62765014　出版部 62754962
电 子 邮 箱:	zpup@pup.pku.edu.cn
印　刷　者:	涿州市星河印刷有限公司印刷
经　销　者:	新华书店
	787 毫米×1092 毫米　16 开本　9 印张　206 千字
	2007 年 2 月第 1 版　2020 年 8 月第 6 次印刷
定　　价:	18.00 元

未经许可,不得以任何方式复制或抄袭本书之部分或全部内容。

版权所有,侵权必究　举报电话: 010-62752024
　　　　　　　　　　　　电子邮箱: fd@pup.pku.edu.cn

《综合日语》第二册教师用书编者

彭广陆（北京大学教授）
何　琳（首都师范大学副教授）
董继平（首都师范大学副教授）
何宝娟（首都师范大学讲师）
孙佳音（北京语言大学讲师）
大和启子（原浙江工业大学日本专家、筑波大学博士研究生）
石冈静音（御茶水女子大学博士研究生）

前　言

　　《综合日语》共分为四册，每册均配有练习册和教师用书，本册为与《综合日语》第二册以及第二册练习册配套使用的教师用书。

　　《综合日语》是由中日两国从事日语教学的资深的专家学者历时三年共同编写的全新教材，它从全新的教学理念出发，在内容上和形式上均有不小的突破，为了让使用者能够更加有效地使用本教材和更好地了解编者的编写意图，我们编写了本教师用书，对各课的教学难点进行一定的说明，同时配上《综合日语》各课的会话、课文的译文和《综合日语》第二册练习册的参考答案。

　　本教师用书的编写工作主要由《综合日语》中方编委会负责，具体分工如下：
教材整体介绍、教学难点、教学建议、全书统稿：何　琳
翻译：孙佳音、彭广陆
练习答案：何　琳、董继平、何宝娟、大和启子、石冈静音
全书由彭广陆定稿。

　　在本教师用书的编写过程中，所有成员都倾注了大量心血，但是由于水平有限，还存在一些不尽如人意的地方，希望使用本册的教师和同学提出批评意见，以便今后不断修订并使之日臻完善。

编　者
2007 年 1 月 5 日

关于《综合日语》第二册各部分的介绍

出场人物：
　　本教材最重要的特点之一就是会话部分单独构成一个完整的故事，其内容贴近大学生的实际生活，情节跌宕起伏，故事性强，具有可读性，且出场人物性格鲜明，前后统一，贯穿于整个会话部分。这样能够更加完整、更加准确地表达语言的内涵，帮助学生通过具体的场景、具体的对话来加深对语言表达形式的理解。

王宇翔

男，中国长春人。

兴趣爱好：烹调、体育、旅游。将来想从事文化交流方面的工作。

专　　业：京华大学外语系日语专业2年级学生。

性　　格：心地善良，为人诚恳，办事认真，成绩优秀。

家　　庭：父亲是公司职员，母亲是医生。

高桥美穗

女，日本札幌人。家人现在生活在东京。

兴趣爱好：戏剧、电影、音乐。希望能够考入艺术系学习中国戏剧。将来想从事戏
　　　　　剧导演、制作以及中国电影的发行等方面的工作。

专　　业：京华大学语言进修生。

性　　格：积极向上，聪明美丽。

家　　庭：父亲是公司职员，母亲是教师，姐姐百合子已经订婚，弟弟信哉是高中
　　　　　生，另外奶奶也同他们一起生活。

赵媛媛

女，中国厦门人。

兴趣爱好：读书、烹调。

专　　业：京华大学外语系日语专业2年级学生。

性　　格：为人老实，乐于助人。

家　　庭：父亲是工程师，母亲是公司职员。

李　　东

男，中国上海人。

兴趣爱好：上网、游戏、漫画、旅游、音乐。理想是自己制作游戏软件。

专　　业：京华大学电子系2年级学生，辅修日语。

性　　格：开朗，直率，有时会做一些傻事，糊里糊涂。

家　　庭：父亲是博物馆职员，母亲是工人。

铃木真一

男，日本东京人。高桥高中时的学长。

兴趣爱好：旅游、读书。

专　　业：京华大学历史系中国史专业2年级留学生。

性　　格：大大咧咧，有些冒失。

山田香织

女，日本熊本人。

兴趣爱好：音乐、绘画。希望将来从事日中经贸方面的工作。遣唐使会会长。

专　　业：京华大学经济系中国经济4年级学生。

性　　格：稳重。

渡边美咲

女，日本名古屋人。高桥的同屋。

兴趣爱好：读书。

专　　业：京华大学语言进修生。

性　　格：精明，有时不自信。

语法：

　　本教材没有采用传统的日语教学语法系统，而是在近年来日本的对外日语教学中常见的语法系统的基础上，结合中国人学习日语的特点，归纳总结出了一套更加实用、更加科学的语法系统。

　　在词类的划分上，我们虽然也坚持先两分法，然后再细分成不同词类的做法，但是我们是先将词分为"概念词"和"功能词"，大体上相当于汉语的"实词"和"虚词"。本教材中的"概念词"较之传统语法系统中的"独立词"的种类要少，而"功能词"则较之传统语法系统中的"附属词"的种类要多。我们认为："概念词"在句子中使用时既表示词汇意义，又表示语法意义；而"功能词"在句子中只

表示语法功能和语法意义。

本教材将传统语法中的名词、代词、数词统称为名词。

传统语法中的形容词和形容动词在本教材中统称为形容词，但将二者作为形容词的次类（下位分类）处理，分别称之为"Ⅰ类形容词"和"Ⅱ类形容词"。这是因为传统语法中的"形容词"和"形容动词"在意义和语法功能上没有什么区别，只是活用方式（词形变化的方式）上有所不同而已，因此没有理由将二者视为不同的词类。动词也根据其活用方式的不同而分为3类，名称也采用日本的对外日语教学中常见的"Ⅰ类动词"、"Ⅱ类动词"、"Ⅲ类动词"，而不再使用"五段动词"、"一段动词"、"カ变动词"和"サ变动词"这样的术语。

传统语法中的大部分助动词和接续助词我们视之为构成动词和形容词的各种活用形（词形）的词尾或后缀，因此我们取消了助动词这个词类。但是，助动词中的"だ"、"です"、"である"等具有功能词的特征，该类词的使用又与说话人的判断有关，因此我们使之独立出来，称之为判断词。

本语法系统的用言（用词=谓词）的活用形比传统语法系统的活用形种类要丰富得多，但它们不是一盘散沙，而是有机地联系在一起构成了一个有层次的系统，尤其是通过诸多的语法范畴可以更加清楚地看出活用形之间的对立的关系。本教材所使用的活用形的术语虽然表面上看与一些传统语法系统的术语相同，但其内涵相去甚远，因此在教学中需要格外注意。

词汇：

本教材的词汇以《高等院校日语专业基础阶段教学大纲》（教育部高等学校外语专业教学指导委员会日语组编，大连理工大学出版社，2001年11月，第1版）和《日语能力考试出题基准》（日本国际交流基金，凡人社版，2006年3月）为依据，大部分重点词汇都在课文或练习中出现，同时，充分发挥中国人的汉字能力，在不造成学习负担的情况下，帮助学习者扩大词汇量，以求缩小学习者的日语能力与智力水平之间存在的差距，力争使初级学习者能够运用已学的词汇和初级的语法知识来谈论有一定深度的话题。

教材整体结构

各课的构成

学习目标：本教材的目标是培养学生的日语综合运用能力，所有学习内容都围绕着

这个目标展开，各课设有具体的交际能力目标，为达到交际能力目标需要学习语言知识，培养语言的技能。

学习要点：是各课所学习的语法知识项目，也是为达到各课的语言运用能力目标所必备的语法知识。

会话课文：各课均由会话1、会话2和课文这三个部分组成，整个教材的会话部分以主人公的大学生活为主线，按照时间顺序编排，故事情节相对完整，人物性格前后统一，有利于帮助学生加深对语言形式的理解。

解　　说：

声调讲解：在以往的日语教学中，语音的学习主要通过对录音的模仿来进行的，因此随意性很强，学习者难以掌握其中的规律。本教材在各课中系统地介绍了日语专业学生应该了解的语音知识，尤其是对各类词形变化所带来的声调变化的规律进行了详细的说明，便于学习者掌握。

语法讲解：本教材从对日语专业学生的要求出发，语法讲解系统、规范、严谨，同时关注语言功能，选取有代表性的例句，帮助学生加深理解。本册语法项目涵盖了日语能力考试3级水平的基本语法项目。

词汇讲解：本册在词汇解说部分补充了一些关联词汇，对一些能产的构词成分进行了详细的讲解。

交际用语讲解：本册出现了大量的交际用语，对每条交际用语都从功能、意义、使用条件等方面进行了详细的讲解，以帮助学生正确使用，使交际更加顺畅。

场景说明及插图：会话部分配有场景讲解，并配有插图，目的是帮助学生准确地把握场景，更好地理解语言的意义。

生　　词：生词包括课文中出现的生词和练习中出现的生词，对一些基础词汇既要理解，又要学会使用，而有一些不常用的单词，只要求理解意思。

练　　习：

练习A：理解练习。帮助学生确认对会话、课文理解的程度。本教材的会话部分有大量的体现日语口语特点的表达方式，只有真正理解了这些表达方式，才能够理解人物表达的思想和对话的意思。

练习B：基础练习。主要练习一些重点语法项目，帮助学生打下扎实的基础。这种训练是在语言学习中必须经历的一个过程。每一个不同的例子，都提示了一个不同的使用场景，希望学生在学习过程中，能够从不同

的侧面了解每一个语法项目的结构、功能和使用条件等。基础练习属于完全控制性练习，在操作过程中应该在正确性上提出较高的要求。

练习 C：会话练习。对一些能产的表达方式进行进一步的练习，引导学生学会在特定的场景中进行运用。

练习 D：拓展练习。主要由各种形式的课堂活动组成，基本上属于非控制性练习，只要求完成指定的活动，对完成活动所使用的语言不做具体要求。可以引导学生调动所有语言知识和技能，尽可能较好地完成任务。

背景知识（コラム）：主要介绍一些与会话或课文有关的日本社会或文化方面的知识，帮助学生更准确、更全面地理解会话或课文的内容，同时满足学生对日本社会文化知识的需要。

小知识（一服）：介绍一些与日语及日本社会、文化有关的小知识、小常识，帮助学生丰富知识。

目　次

第 16 課　春　節 1
第 17 課　コンサート 9
第 18 課　病　気 18
第 1 単元の練習（第 16～18 課） 26
第 19 課　黄　砂 28
第 20 課　遠　足 36
第 21 課　遠足のあと 44
第 2 単元の練習（第 19～21 課） 51
第 22 課　宝くじ 54
第 23 課　弁論大会 62
第 24 課　留学試験の面接 70
第 3 単元の練習（第 22～24 課） 78
第 25 課　ゴールデン・ウィーク 80
第 26 課　ボランティア 87
第 27 課　受　験 94
第 4 単元の練習（第 25～27 課） 102
第 28 課　ディスカッション 104
第 29 課　アルバイト 111
第 30 課　旅だち 119
第 5 単元の練習（第 28～30 課） 127
総練習 129

第16課 春節

译文

会话 1　春节的习俗

（春节高桥去了王宇翔家）

高桥：过春节都要做哪些准备呢？

王　：各地都不一样。我们家一般是全家人一起打扫卫生、布置房间，爸爸做饭。

高桥：什么，你爸爸？

王　：嗯，我爸爸做饭特好吃。他喜欢做饭，平时也经常做。

高桥：是吗。

王　：嗯。还有除夕的时候大家一起包饺子吃。

高桥：怎么包？

王　：包法各家都不一样。我们家是把白菜或者韭菜切碎，放上猪肉馅儿，把馅儿拌好后包到皮儿里煮着吃。

高桥：哦，是水饺啊。

王　：对啊。但和平时的饺子不同，春节的饺子中有一个要放一枚硬币。

高桥：什么？硬币吗？

王　：嗯，当然是洗干净了再放进去的。

高桥：放硬币有什么讲究吗？

王　：放了硬币的饺子很吉利。今年咱们一起包吧。

高桥：好的，一定。你们家的饺子是什么味儿的呢？对了，在你们家我也得说汉语吧？

王　：是啊，我父母都不懂日语。

高桥：真有点担心啊。

王　：没关系，有我在呢。

会话 2　假期中的事

（高桥在跟山田讲自己春节的经历）

山田：高桥，假期当中你去王宇翔家了吧，怎么样啊？

高桥：很愉快。

山田：王宇翔的家人怎么样啊？

高桥：他爸爸妈妈都非常和气，人很好。我觉得王宇翔长得像他爸爸。

山田：是吗。这么说，王宇翔的爸爸看上去也很温和了。在他家都干什么了？

高桥：大家一起扫除，做年饭，做过春节的准备。在王宇翔家是他爸爸做饭。

山田：啊，他爸爸！

高桥：对呀。他爸爸做饭的时候我一直在旁边看着，确实做得很好。

山田：是那样啊！

高桥：除夕，大家一起包饺子，新年到来的时候吃，特别好吃。

山田：真不错。无论是在中国还是在日本，除夕之夜都是阖家团圆的时刻。

高桥：是啊。到了新年，街上到处都在噼里啪啦地放炮放花，很热闹。

山田：哦，在王宇翔家的城市可以放炮放花啊。

高桥：嗯。后来还在王宇翔的亲戚家办了春节聚会，很多人聚在一起吃饭。

山田：是吗！

高桥：很有意思。

山田：这个假期过得真不错嘛。

课文　日本的新年

对中国人来说一年当中最重要的节日——春节指的是农历新年。而在日本，新年一般是指阳历新年。

在日本，新年休假通常是从12月29日开始。28日在工作单位都要进行"年终总结"，当时的场面会在电视新闻中播出，这已成为岁末的一道风景线。

新年休假是全家人共度阖家团圆的时光。公司一般休息一周左右，学校也正值寒假，很多从地方来到大城市工作和学习的人都回家探亲，从年末到年初这一段时间，街上变得非常安静。

在年底，全家人一起做扫除，在大门前摆上（装饰用的）松树枝，并做年饭"おせち料理"。在除夕之夜，有吃又细又长的荞麦面条的习惯，以祈求家世永存和长寿，这就是"年夜荞麦面"。新年到来之际，寺院的钟声敲响108下，这就是"除夕的钟声"。人们听着钟声，回顾过去的一年，并以新的面貌迎接新年。

到了新年，人们去参拜神社和寺院。回家之后吃"煮年糕"和"年饭"。"年饭"里有很多种东西，而且各有各的意义。比如说，吃"鱼子"是为了祈求多子多孙，"黑豆"表示"健康"，海带象征"喜悦"，加级鱼代表"吉庆"，这些都是由文字游戏而产生的说法。

第16課 春節

正月头三天过了之后就开始上班了。在工作单位一般都举行"年初开业"仪式，人们聚集到单位进行新年的问候，这也是年初的风景之一。就这样新的一年又开始了。

教学难点

会话1

うちは……

"我们家"的意思，不用特别说"わたしのうちは"。另外，口语中可以说"うちのクラス"、"うちの大学"，表示我们班，我们学校的意思。

会话2

作っているあいだ、そばでずっと見ていたんですけど。

这句话省略了主语"我"，意思是王宇翔的父亲做饭的时候，我一直在旁边看着。

教学建议

会话1

1. 本课课文介绍了一些日本过新年的习惯，在教学过程中，可以让学生介绍自己家乡的过年习俗，还要让他们了解今后用日语向日本人介绍中国习俗会远超于用日语向日本人介绍日本习俗，同时，引导学生反省自己对中国文化是否有足够的了解，帮助他们意识到在跨文化交际的过程中，作为中国人重视中国文化的重要性。

2. 有一些我们认为理所当然的事情，在日本人看来可能是很意外的，甚至是不可思议的事情。例如家里由父亲做饭就很让高桥和山田吃惊。同样日本也会有很多现象出乎我们中国人的意料。要注意培养学生跨文化接触时的适应能力，提高对文化冲击的适应能力。

练习答案

I. **文字、词汇、语法**

1. (1) じんじゃ　　(2) つつむ　　(3) ぶたにく
   (4) ろうか　　(5) ていねい　　(6) ちょうじゅ

(7) けんこう　　(8) ねんちゅうぎょうじ　　(9) きも
(10) りょうり

2. (1) 新幹線　(2) 心配　(3) 確認　(4) 発展　(5) 働
   (6) 職場　　(7) 土産　(8) 掃除　(9) 年末　(10) 迎

3. (1) で（と）　(2) だけに　(3) に　(4) を／のを　(5) に　(6) から
   (7) ほど　　(8) で　　(9) で　(10) で／で　(11) に／が

4. (1) ね、ね（よね、ね／ね、よね）　(2) ね　　(3) ね
   (4) よね、ね　　　　　　　　　　(5) よ　　(6) よね
   (7) よ　　　　　　　　　　　　　(8) よ　　(9) よ
   (10) よ、よね

5. (1) 呼び　　　　　(2) よんだり、聞いたり　　(3) して
   (4) 要らない　　　(5) 曲がっている（曲がった）　(6) 出たら
   (7) 留学している　(8) 見たら（見ると）　　　(9) 上手に
   (10) 短く

6. 例
   (1) 1時間ぐらい運動して外で食事をします。
   (2) 先生に会った。
   (3) 新聞を読んだりします。
   (4) 専攻以外の科目も勉強しました。
   (5) 車の免許も取りました。
   (6) 大きくなります。
   (7) 難しくて分かりにくいです。
   (8) 教え方が違います。
   (9) 会社へ行って仕事をしなければなりません。
   (10) 説明書を調べます。／専門店へ持って行きます。

7. (1) 火事があったらどうすればいいですか。
   (2) 家へ帰って何をしますか。

第16課 春節

　　(3) この野菜をどうやって食べるんですか。
　　(4) 道が分からない時、どうしますか。
　　(5) 中国ではどのように新年を迎えますか。

8. (1) 一家だんらん　　(2) 変わる　　(3) 惜しんで　　(4) 縁起がいい
　　(5) 言葉遊び　　　(6) 変わる　　(7) 休暇を取って

9. (1) 故郷へ帰ること。
　　(2) 家族が集まって楽しく過ごすこと。
　　(3) お正月に食べる特別な料理。
　　(4) 年の暮れにその年の仕事を終えること。また、その日。
　　(5) 正月の元日、2日、3日の三日間のこと。

10. (1) 夜7時に一階の会議室で新入生の歓迎パーティーがあります。帰りは少し遅くなります。
　　(2) A：夜、何をしますか。テレビを見ますか。
　　　　B：いいえ、あまり見ません。よく本を読んだり音楽を聞いたりします。
　　(3) 次にこのコンピュータの使い方を簡単に説明します。
　　(4) 牛肉を長く炒めると硬くなるので、注意してください。
　　(5) 田中さんのお父さんは家へ帰ってお風呂に入ってから夕食を食べます。
　　(6) はがきにお名前とお電話、ご住所をはっきり書いて送ってください。
　　(7) 外食で安くおいしい料理が食べられます。
　　(8) 会場を出たらもうそこでファンが花を持って待っていてくれた。
　　(9) 試合の間、ずっと選手村に住んでいたので、デパートへ行って買い物をしたりするような時間もなかった。
　　(10) 日本人は断る時に、はっきり言わないので、外国人の私にとって分かりにくいです。

11. 例
　　中秋節は旧正月に次ぐ第二の伝統的な祝日だ。この日には月餅を食べ、一家団らんで食事をして、月をめでる。中秋節に月餅を食べるのは、端午の節句に粽、元宵節に"湯圓"を食べるのと同じく古くから伝わる習慣だ。

中秋節に、親戚や親しい友人の間で月餅を贈りあうのが本来のしきたりだが、最近では日本のお中元・お歳暮のような贈答の機会となっており、月餅業界には売り上げ拡大の絶好のチャンスとなっている。

II．听力

1. (1) b　(2) c　(3) a　(4) c

2. (1) b　(2) a　(3) d

3.
	違うこと	同じこと
中国の春節	例　d 　　f	c
日本の正月	a b	e

III．阅读

(1) a　(2) d

听力练习文字资料

1. テープを聞いて、例のように正しい答えを１つ選んでください。

　　例　質問：休みの間に何をしましたか。
　　　　A：この休みの間に北京の観光をしたんですよね。
　　　　B：ええ。
　　　　A：どうでしたか。故宮へ行ったりしましたか。
　　　　B：故宮は行きませんでしたが、万里の長城へ行ったり、北京ダックを食べたりしました。天気も良くて、とても楽しかったです。
　　　　A：いいお休みでしたね。
　　質問：休みの間に何をしましたか。
　　　a. 故宮へ行ったり、万里の長城へ行ったりしました。
　　　b. 故宮へ行ったり、北京ダックを食べたりしました。
　　　c. 万里の長城へ行ったり、北京ダックを食べたりしました。
　　　d. 故宮にも万里の長城にも行きませんでした。

第16課 春節

(1) 質問：日本語の文字はどうやって入力しますか。
　　A：あのう、パソコンで日本語の文字はどうやって入力するんですか。
　　B：ローマ字で入力できますよ。ローマ字はわかりますか。
　　A：ええ、わかります。日本の友達にメールを送ろうと思っているんです。
　　B：そうなんですか。またわからないことがあったら聞いてください。
　　A：ありがとうございます。
　　質問：日本語の文字はどうやって入力しますか。
　　a. パソコンで入力できません。
　　b. ローマ字で入力します。
　　c. まだ、わかりません。
　　d. メールを書きます。

(2) 質問：渡辺さんは今、風邪を引いていますか。
　　A：風邪はよくなりましたか。
　　B：ええ、3日ほど大学を休んだら、元気になりました。
　　A：それはよかったですね。渡辺さんが休んでいる間に宿題がたくさんありましたよ。
　　B：そうなんですか。それを聞いたら、元気がなくなりました。
　　質問：渡辺さんは今、風邪を引いていますか。
　　a. はい、風邪を引いて学校を休んでいます。
　　b. わかりません。
　　c. もうよくなりました。
　　d. 風邪を引いていますが、学校に来ています。

(3) 質問：山田さんと王さんは同じ歌を歌いましたか。
　　A：あ、今度は山田さんが歌いますね。
　　B：あれ、この歌、さっき王さんが歌いましたね。
　　A：ええ、でも歌い方によって全然違いますね。
　　B：そうですね。
　　質問：山田さんと王さんは同じ歌を歌いましたか。
　　a. はい、同じ歌を歌いました。
　　b. はい、同じ歌い方をしました。
　　c. いいえ、違う歌を歌いました。
　　d. いいえ、歌いませんでした。

(4) 質問：陳さんの見ていた時計は何時でしたか。
　　　A：陳さん、次の授業は何時からですか。
　　　B：2時からです。
　　　A：行かないんですか。
　　　B：あと15分ほどありますから。
　　　A：えっ、あそこの時計、遅れていますよ。もう57分ですよ。
　　　B：えっ！
　　　質問：陳さんの見ていた時計は何時でしたか。
　　　a．2：00　　　b．1：50　　　c．1：57　　　d．1：45

2. テープを聞いて、正しいものを1つ選んでください。
　　A：あのう、李さん。大学から第一病院へはどうやって行くんですか。
　　B：第一病院ですか。まず25番のバスで人民広場まで行ってから、そこで20番のバスに乗るんです。
　　A：あ、そうですか。病院までどれぐらいかかりますか。
　　B：30分ほどで着くと思いますよ。
　　A：そうですか。バスは混んでいますか。
　　B：時間によって違います。朝や夕方はとても混んでいますが、それ以外の時間は座ることができますよ。
　　A：そうですか。じゃ、昼ごはんを食べてから、行こうと思います。ありがとうございました。
　　B：いいえ。

3. テープの内容に合うように、a～fを表に入れてください。
　　A：中国では大晦日の夜、家族でギョーザを食べますが、日本でも特別な料理を食べる習慣があるんですか。
　　B：ええ、長寿を願って年越しそばを食べます。
　　A：じゃあ、日本では大晦日の夜、爆竹や花火をしてにぎやかに過ごしますか。
　　B：いいえ、大晦日の夜は静かにお寺の鐘を聞いていますよ。
　　A：そうなんですか。
　　B：国によって、新年の迎え方は違いますが、新年を迎える行事が一年で一番大事で、一家だんらんの時間ということはおなじですね。
　　A：そうですね。

第17課　コンサート

译文

会话1　音乐会

（王宇翔、高桥和李东三人去听流行歌手的音乐会）
（音乐会的前一天）
王　：给你这个。这是明天的票。
高桥：啊，谢谢。
王　：明天6点在首都体育馆的门口等吧。我和李东也约好在那儿等了。
高桥：首都体育馆在哪儿？我能找得到吗？
王　：没问题。你知道国家图书馆吧，过了国家图书馆，左边就是首都体育馆。在大门口，6点。
高桥：好的，知道了。
王　：噢，对了，带上手机啊！另外，晚上冷，去的时候最好穿上大衣。
高桥：好的，那明天见。
王　：明天见。

（音乐会那天，王宇翔正在去体育馆的路上）
王　：啊、危险！……你没事吗？
男人：没事吧？啊，这可怎么办呢！
王　：得叫救护车……。啊，我没带手机！
男人：啊，你会说日语啊。哎呀，这个孩子一下子扑了过来。
王　：那儿有公用电话，我去打个电话。
男人：实在不好意思，我不太会说汉语，请你等救护车来了以后再走好吗？
王　：啊？怎么办呢……。不赶紧走音乐会就赶不上了。
男人：对不起，实在抱歉！请帮帮忙吧！

会话2　迟到

高桥：王宇翔还不来，怎么回事呢？

李　：音乐会马上就要开始了。那个，王宇翔拿着票呢吗？

高桥：嗯，应该拿着呢吧……。

李　：哦，那咱们在座位上等他吧。先进去吧。

高桥：好吧，王宇翔怎么回事呢？不会在什么地方出事了吧？

李　：不会的。一会儿肯定会来的。

王　：李东、高桥！

高桥：王宇翔！太好了。你到底怎么回事呀？

王　：对不起！告诉你们吧，我可惨透了，来的路上碰上了交通事故……。

李　：有话待会儿再说，咱们走吧。

（音乐会结束之后）

王　：高桥，你一直不说话，怎么了？

高桥：……你为什么不打个电话呢。我还以为你出了什么事，特别担心。

王　：对不起！我忘了带手机了。

高桥：可是有公用电话呀。

李　：高桥，王宇翔不能打电话不是因为没有电话，而是电话号码在手机里，他不知道号码。

高桥：我的号码，你不记得吗？

王　：嗯……

课文　大众文化

"ポップカルチャー"是大众文化的意思，最近特指年轻人的娱乐。各国的大众文化不仅被本国的年轻人，也被外国的众多年轻人所接受。在中国，日本、韩国的音乐、服饰等在年轻人当中也很流行。

例如，在 2002 年中日邦交正常化 30 周年纪念日之际，日本著名的乐队、歌手在北京举办了音乐会，中国的很多年轻人都欣赏到了他们现场演出的歌曲和音乐。此外，曾在日本留学、现在东京担任ＤＪ的一位中国音乐人每周都把日本最新的乐坛信息传到中国。因为是每周播放，所以基本上没有时间差。由于英特网的普及，任何时候人们都能接触到最新的信息。不仅如此，从 2000 年秋季之后，有几万中国人到日本观光旅游，其中大多数是年轻人。他们一定直接接触到了日本的大众文化。

对于这样的现状，既有肯定意见也有否定意见。有人认为，如果人们都去追捧外国文化，中国的传统文化就有可能会消失，他们建议不要接受外国文化。也有人认为，人们欣然地接受对方的文化，就能够相互产生亲近感；中国有个说法叫做"洋为中用"，也就是"借鉴外国的东西，使其对中国发挥作用"，因此不要从一开始就排斥，而应接受。

第17課　コンサート

　　今后和国外的经济交流、文化交流将越来越有活力，外国的文化也会渗透进来。外国的文化对中国的年轻人将会产生什么样的影响现在还是一个未知数。

教学难点

会话1

　　1. 男の人：大丈夫？　ああ、困ったなあ。

　　"大丈夫"是问受伤的孩子，"ああ、困ったなあ"是自言自语，两者都没有使用敬体。前者显得更加柔和，而自言自语是不需要使用敬体的。

　　2. 王：救急車を呼ばないと…。あ！　携帯電話を持ってこなかった！

　　王宇翔的这几句话也是自言自语，因此也没有使用敬体。

会话2

　　1. 高橋：王さん！よかった。

　　"よかった"在这里是一种感叹，直接表达某一时刻的感受时，一般不使用敬体，否则就成了一种客观描述，削弱了感叹的语气。

　　2. 王：すみません。実は大変だったんですよ。来る途中で事故が……。
　　　　李：話はあとにして、行きましょう。
　　　　……
　　　　李：高橋さん、王さんが電話ができなかったのは、電話がなかったからじゃなくて、電話番号が携帯に入っていて、わからなかったからですよ。

　　性格特点是影响人的语言以及为人处世方式的重要因素之一，本教材在编写过程中注意了人物的个性化，其中李东就是一个亮点。他开朗、直率、有些冒失，常常说错话做错事。在这一场景中，首先他打断了王宇翔的解释，留下了产生误会的隐患。在音乐会结束后，王宇翔想要解释时，又是他不但没有帮助王宇翔打圆场，反而点明了王宇翔不记得高桥的电话号码这一事实，让王宇翔异常尴尬，也让本来只是担心而有些不快的高桥真的生气了。

　　如果换一个人物，可能就会用不同的方式、不同的语言来处理事情，故事就会向不同的方向发展。我们可以引导学生理解、关注这些细节，加深对语言的理解，体会语言在交际中的作用。

教学建议

本课的课文与以往的初级教材的课文不同，话题有一定的深度，这是本教材的特点之一。让学生学会用初级语法表达有一定深度的话题，尽量减少语言学习初级阶段学习内容与学生智力水平之间的差距，我们为了进行这种尝试做了很大的努力，请教师适当展开这个话题，例如可以让学生谈一谈自己感兴趣的一些文化现象，介绍自己对某种文化现象的看法等。

练习答案

Ⅰ. 文字、词汇、语法

1. (1) こま　　　(2) けいたいでんわ　　(3) いそ
   (4) せんこう　(5) こた　　　　　　　(6) じょうほう
   (7) じこ　　　(8) ちこく　　　　　　(9) だま
   (10) ひら、かしゅ

2. (1) 図書館　(2) 間に合い　(3) 途中　(4) 人気　(5) 自信
   (6) 番号　　(7) 半分　　　(8) 料金　(9) 帰国　(10) 用事

3.

日本語	英　語	中国語
コート	Coat	大衣、外衣
ディージェー	Dj (disk jockey)	音乐节目主持人
コンサート	concert	音乐会
トピック	topic	话题
アドバイス	advice	忠告、建议
バンド	band	乐队
レポート	report	小论文、课程报告
ポップカルチャー	Pop culture	大众文化

4. (1) なくす　　　(2) 書かない　(3) かけない
   (4) 走って来た　(5) 呼ぶ　　　(6) 読まなかった
   (7) 暇な　　　　(8) 上手な　　(9) 間に合わない

第17課　コンサート

(10) 遊ぶ　　　　　　　(11) 聞けば　　　　　　(12) 言ったか
(13) 遅れた、遭った　　(14) 読まない　　　　　(15) 行かない
(16) 読んだ　　　　　　(17) 乗らない

5. (1) と、が　　　　　　(2) に、から　　　　　(3) を、が
   (4) で　　　　　　　　(5) まで、も　　　　　(6) を、へ、と
   (7) ので　　　　　　　(8) より　　　　　　　(9) で
   (10) で　　　　　　　 (11) から　　　　　　 (12) まで
   (13) で、に　　　　　 (14) で、か　　　　　 (15) でも
   (16) か　　　　　　　 (17) か　　　　　　　 (18) とでも
   (19) で、に

6. 例
   (1) 夜遅く一人で歩かないでください。
   (2) 傘を持って行きます。（傘を持って行ったほうがいいです。）
   (3) 左に銀行があります。
   (4) 病院へ行ったほうがいいですよ。
   (5) ちょっと散歩に行って来ます。
   (6) 早くホテルに着くかもしれません。
   (7) 喧嘩しました。
   (8) 高くないはずです。
   (9) 彼女はもう結婚したかもしれない。
   (10) 携帯が鳴ったので恥ずかしかったです。
   (11) ひかり12号は何時に出発するかを調べています。
   (12) スーパーより高いからです。
   (13) おなかの調子が悪いからです。
   (14) 何でも知っています。
   (15) 知っていますか。
   (16) 何も買わないで帰ってきました。
   (17) 読み方が分かりません。

7. 選択
   (1) ③　(2) ③　(3) ②　(4) ②　(5) ③　(6) ③

8. (1) c (2) e (3) i (4) h (5) f (6) g (7) b (8) d (9) a

9. (1) いちばん上に上がらないと、テレビタワーが見えません。
   (2) ゴールデンウィークはホテルが混みますから、早く予約したほうがいいです。
   (3) 魚が新鮮ではないと、刺身が作れない。
   (4) 海外旅行の人は明日写真を2枚持って来てください。
   (5) 交通が不便なところなら住む人はいないだろう。
   (6) 飛行機が離陸するまではコンピュータを使ってもいいと言われている。
   (7) 3時間も運動して疲れたので、休みたいです。
   (8) 1月の海南は寒くないはずです。コートはいらないでしょう。
   (9) 非常口はどこにあるか確かめたほうがいいです。
   (10) 卓球の試合に負けたのは怪我で3ヶ月も練習しなかったからです。
   (11) マナさんが授業を休んだのは病気になったからではなくて駅へご両親を迎えに行ったからです。
   (12) 中国人は誰でも「万里の長城」を知っています。
   (13) まぼろしという言葉はどんな意味ですか。
   (14) 遅くなったので、朝ごはんを食べないで来ました。
   (15) 日本語が分からないと、日本の会社で働くのは大変です。

II．听力

1. (1) a (2) c (3) d

2. (1) B (2) D

3. (1) ○ (2) × (3) × (4) ×

III．阅读

   (1) a (2) d

第17課　コンサート

听力练习文字资料

1. テープを聞いて、例のように正しい答えを1つ選んでください。

   例　質問：今度の連休に旅行をしますか。
   　　A：今度の連休は旅行をしますか。
   　　B：いいえ、しません。
   　　A：旅行は嫌いですか。
   　　B：いいえ、嫌いだからじゃなくて、お金がないからです。
   　　A：そうですか。
   　　質問：今度の連休に旅行をしますか。
   　　a．はい、します。
   　　b．いいえ、旅行は嫌いですから。
   　　c．お金がないのでしません。
   　　d．はい、友達にお金を借りて行きます。

   (1)　質問：旅行に行きましたか。
   　　A：週末、蘇州へ旅行に行ったんですよね。
   　　B：ええ、でも旅行の途中で体調が悪くなって、観光の予定を中止して、ホテルで寝ていました。
   　　A：それは残念でしたね。
   　　質問：旅行に行きましたか。
   　　a．旅行に行きましたが、観光は出来ませんでした。
   　　b．体調が悪かったので、旅行に行きませんでした。
   　　c．体調が悪かったので、途中で帰りました。
   　　d．観光の予定を中止して、ホテルを見学しました。

   (2)　質問：どうして田中さんは怒っていますか。
   　　A：どうして田中さんは、怒っているんですか。
   　　B：田中さんが怒っているのは、彼女が約束の時間に遅れたからです。
   　　A：そんなに怒らなくてもいいと思いますが。
   　　B：でも、彼女がきょうだけじゃなくて、いつも遅れるから彼は怒っているんです。
   　　A：それじゃあ仕方がないですね。
   　　質問：どうして田中さんは怒っていますか。
   　　a．彼女が約束を忘れたから。
   　　b．彼女が約束の時間を間違えたから。

c. 彼女がいつも約束の時間に遅れるから。
d. 彼女が来ないから。

(3) 質問：部屋に帰ってから電話をしますか。

A：クラスコンパの計画を立てているんですが、来月の予定は今わかりますか。
B：部屋に帰って、予定表を確認しないとわかりません。
A：そうですか。
B：予定を確認したら電話したほうがいいですか。
A：いいえ、あした教えてください。
B：わかりました。

質問：部屋に帰ってから電話をしますか。

a. 予定がわからないので電話しません。
b. 予定表を確認してから電話します。
c. コンパに参加したくないので電話しません。
d. あした、直接言うので電話しません。

2. テープを聞いて、質問に答えてください。

(1) A：今、郵便局にいるんですが、山田さんの家はどう行ったらいいですか。
    B：えっと、郵便局を出て右に行くと交差点があります。交差点を左に曲がると橋があります。
    A：橋があるんですね。
    B：ええ、橋を渡ると公園が見えます。
    A：はい。
    B：その公園を過ぎると左側に家があります。家の前には白い車がとまっています。そこが私の家です。
    A：わかりました。
    B：また、わからないときは電話をしてください。

(2) A：もしもし、橋を渡って公園の近くにいるんですが。
    B：ええ、その先の左側の家ですよ。
    A：あの、左側の家には赤い車が止まっています。
    B：えっ。変ですね。あっ、別の公園かもしれませんね。近くに病院がありますか。
    A：ええ。あります。

　　　　B：李さん、道を間違えていますよ。

3. 会話を聞いて会話の内容とあっているものには〇、間違っているものには×を書いてください。
　　王　　：鈴木さん。
　　鈴木　：あ、王さん、ひさしぶりですね。今からどこか行くんですか。
　　王　　：ええ、実は、アルバイトを始めたんです。
　　鈴木　：えっ、そうなんですか。お金が必要なんですか。
　　王　　：いいえ、お金が必要だからじゃなくて、いろいろな経験をしたいからです。
　　鈴木　：そうですか。でも、大学生は勉強をしたほうがいいと思いますよ。アルバイトをすると勉強の時間がなくなりますよ。
　　王　　：それは、大丈夫ですよ。私のアルバイトは日本人に中国語を教えるというものなんです。
　　鈴木　：つまり、アルバイトが日本語の勉強にもなるということですね。
　　王　　：ええ。
　　鈴木　：それはいいですね。

第18課　病　気

译文

会 话 1　看 病

（高桥觉得身体不舒服，去有日本医生的医院看病）

医生：下一位，请进。高桥，嗯……，你是留学生吧。

高桥：是的，请多关照！

医生：哪里不舒服啊？

高桥：嗯……，昨天晚上突然发起烧来，睡觉前吃了药，但是烧还没有退，而且嗓子也特别疼。

医生：好，先用这个量一下体温。好，请张开嘴。哦，肿得挺厉害的。好了，可以了。

高桥：大夫，其实我最近一直都没有食欲。

医生：是吧，留学生活也挺不容易的，可能有些压力吧。应该时常放松一下。

高桥：好的。

医生：我看一下体温计，38度7，挺高的。不卧床的话挺难受的吧。

高桥：嗯，有点。

医生：是感冒。我给你开一个星期的药，早晚各吃两片。

高桥：饭前吃还是饭后吃？

医生：饭后。再开一些漱口药，尽量多漱漱口。

高桥：好的，知道了。

医生：可能两三天后烧就退了，但退烧之后，刚才也说过了，还得按时吃药，好好休息。

高桥：好的，谢谢您了！

医生：请多保重！

会 话 2　探 望

（王宇翔听说高桥生病一直在卧床休息就来到她的宿舍探望）

渡边：我回来了！

高桥：你回来了！

王　：你好。高桥你好点儿了吗？

高桥：啊，王宇翔，你怎么来了？

王　：我听渡边说你病了好几天都没上课，有点不放心。

高桥：所以你来看我了，不好意思。可我们宿舍男生应该进不来啊。

王　：哦，但我实在放心不下，就求渡边帮我向管理宿舍的老师解释了一下。

渡边：费了点时间，但好好说了说，还是让他进来了。很幸运。

王　：嗯，多亏了渡边。

高桥：是这样啊！

王　：高桥你怎么样了？

高桥：谢谢你！好多了。

王　：是吗，那我就放心了。啊，这是在附近买的粥，你快喝吧。

高桥：哇，闻上去好香啊，谢谢！对了，前几天去听音乐会的时候，我不该生气，对不起！

王　：没关系！我没打电话是我不对，你别往心里去。那，我该走了……。

渡边：啊，你要回去了吗？

王　：嗯，高桥你好好休息吧！再见！

高桥：再见！真的谢谢你！

课文　高桥的日记
来中国之后到目前为止最为高兴的事

　　时隔很久，今天去了学校。因为感冒休息了一个多星期，这还是第一次。去医院前身体很疲乏，我以为烧会一直不退呢，（没想到）从医院拿的药很管用。跟大夫说得一样，第四天烧就退了，也有了食欲。现在完全恢复了，心情也很好。尽管要补回落了一周的课挺费劲的，但我还是觉得生病也不错，因为我发现了自己有很多真正关心我的朋友。

　　赵媛媛说一直躺着可能会觉得没意思，就给我买来了京剧的磁带。李东把他特别珍爱的一直带在身边的小型游戏机借给了我。（如果不尽早还给他的话，下次可能李东就要生病了！）山田师姐和铃木把遣唐使会全体成员写的贺卡带给了我，铃木还单独来看我，并送给我礼物，是我最喜欢的鲜花。

　　还有王宇翔，虽然听音乐会那天我们吵了一架，但他还是最先来看我的。进女生宿舍一定不容易吧。王宇翔回去之后，我和渡边两个人喝了他送来的粥，很好喝。王宇翔是怀着什么样的心情来看我的呢！想到这里，我眼泪都流出来了。

最后还有渡边。她照顾我到深夜很晚，真的很感谢她。

生病当然很难受，但多亏生病才懂得朋友的可贵。我不会忘记大家的好。

教学难点

会话 1

1. 高橋：先生、実は最近ずっと食欲もないんです。

   医者：そうですねえ。留学生活はいろいろと大変でしょうから

如果是一般人之间的对话，在高桥说了自己的症状后一般会说"そうですか"，但是医生是专业人士，他可以根据自己的专业知识判断高桥的病情，高桥没有食欲是他意料之中的事情，所以说"そうですねえ"。

2. 起きていると

"起きる"的ている形式，在这里表示不躺着。另外"起きている"含有还没有睡觉的意思。

3. 38度7分

注意"分"表示体温的读音与表示时间的"分"不同，这里读作"ぶ"。

4. うがい薬

很多日本人从外边回到家里，除了洗手以外，还习惯用漱口药水漱口，医生也会给病人开一些漱口用的药水，以预防或治疗口腔和咽喉的感染。

会话 2

1. 授業を休む

"～を休む"是请假休息的意思，也就是说学校并不放假，而当事人因为某种原因请假不去上课。如果学校、公司放假，不能用这种动词的形式表达，而用"学校は休みです"、"会社は休みです"。

2. じゃあ、わたしはこれで。

告辞时常用的表达方式，省略了"失礼します"。

第18課 病気

教学建议

语言输入是语言学习过程中的一个重要环节，但是现在的学生往往忽视这个环节，认为死记硬背没有必要。教师应该帮助学生认识到必要的语言输入在语言学习中的重要性，应该多记一些好的表达方法，例如，本课中有很多经常会用到的表达方式，"1週間分の授業の遅れをとりもどすのは大変だが、病気になってよかったと思う"等。

练习答案

I. 文字、词汇、语法

1. (1) びょうき、しょくよく (2) ねつ、はか
   (3) しょくぜん、しょくご、くすり
   (4) みま   (5) きぶん
   (6) ぐあい   (7) なみだ
   (8) たの

2. (1) 安心 (2) 授業 (3) 朝晩 (4) 忘 (5) 医者 (6) 説明 (7) 簡単
   (8) 成績 (9) 風邪 (10) 大切

3. (1) できるだけ (2) ちゃんと (3) それとも
   (4) もう   (5) それに   (6) ゆっくり

4. (1) ストレスがたまった
   (2) 時間がかかります
   (3) 気にしない
   (4) 心配になって
   (5) 息抜きをすることが
   (6) ラッキー
   (7) 効く／食欲が戻ります
   (8) 気がつきませんでした
   (9) 遅れを取り戻す

5. (1) から、が、も (2) と (3) が、から、に (4) で、は
   (5) が、で (6) を、で (7) も (8) が、に
   (9) に (10) に、が (11) まで、も (12) と

6. (1) 守る (2) 触らない (3) 泳いだ
   (4) 使う (5) 説明した (6) 吸い、話さないで
   (7) うるさくて／うるさいので (8) 書けないので
   (9) 教えて (10) 発表した（発表する）

7. 例
   (1) 手を洗わなければなりません
   (2) 電気を消してください
   (3) 感想文を書きます
   (4) 入学試験に合格した
   (5) よく寮の友達と話します
   (6) 実験します／操作します／組み立てます
   (7) 値段も安いです
   (8) 仕事の残業で／お客さんとの付き合いで
   (9) 私の好きなハンカチを贈って
   (10) 家へ遊びに来てください

8. (1) することがなくてつまらない様子
   (2) 災難に遭った人や病人などを訪ねて慰めること
   (3) 病人やけが人の世話をすること
   (4) 運がいいこと／幸運なこと
   (5) 一休みをすること

9.
　今年、何先生は私たち1年生の精読の授業を担当しています。授業の時、何先生はできるだけ簡単で分かりやすい言葉で説明してくれます。「授業の前によく予習するようにしてください」「授業の後はちゃんと復習もするようにしてください」とよく先生に言われています。先生は優しくて親切です。それに、授業の

内容もおもしろくて私は好きです。先週、私は頭が痛くて咳が出ました。それに食欲もありませんでした。先生は帰ってゆっくり休むようにとおっしゃいました。でも私は授業についていけなくなってしまうのが心配で終わりまで頑張りました。今日はマリさんからあした試験があると聞いたのでノートのとおりにもう一度復習するつもりです。先週は、体調が悪くてノートを取れなかったので、このノートはマリさんが取ってくれたのです。分からないところはマリさんに教えてもらうつもりです。マリさんは赤ペンの所はポイントだから覚えるようにと言っていました。もう11時ですから、明日の試験に遅れないように早く寝ます。

II. 听力

1. (1) d (2) b (3) d

2. (1) d (2) b (3) a (4) c

3. (1) ○ (2) × (3) × (4) × (5) ○ (6) ×

III. 阅读

(1) d (2) d

听力练习文字资料

1. テープを聞いて、例のように正しい答えを1つ選んでください。
   例　質問：どうして大きな声を出してはいけませんか。
   　　A：大きな声を出さないようにしてください。具合が悪くて寝ている人がいますから。
   　　B：わかりました。
   　　質問：どうして大きな声を出してはいけませんか。
   　　a. 具合が悪くて寝ている人がいるからです。
   　　b. 疲れて寝ている人がいるからです。
   　　c. 大きな声を出すと具合が悪くなるからです。
   　　d. 喉が痛いからです。
   (1) 質問：毎朝の習慣について、何と言っていますか。
   　　A：私は毎朝、学校へ行く前に運動をしています。

Ｂ：朝ごはんはいつ食べているんですか。

　　Ａ：運動をした後で食べます。

　　Ｂ：じゃあ、ずいぶん早く起きるんですね。大変ではありませんか。

　　Ａ：いいえ、朝早く起きて体を動かすと気分がいいですよ。

　　質問：毎朝の習慣について、何と言っていますか。

　　a．運動をして、ごはんを食べて、それから学校に行くので、疲れます。

　　b．学校へ行く前に、ごはんを食べてから運動をします。

　　c．学校へ行く前に、運動をして、ご飯を食べるので、朝は大変です。

　　d．朝、運動をすると気分がいいです。

(2) 質問：高橋さんはこの果物を知っていますか。

　　Ａ：高橋さん、この果物、知ってますか。

　　Ｂ：ええ、もちろん、日本でも食べますから。

　　Ａ：日本語で何ていうんですか。

　　Ｂ：えー、あれっ、日本語でなんと言うか忘れてしまいました。

　　質問：高橋さんはこの果物を知っていますか。

　　a．知っていますが、日本語の名前は知りません。

　　b．知っていますが、日本語の名前を忘れました。

　　c．知りません。

　　d．知っていますが、中国語の名前はわかりません。

(3) 質問：どうして本を返しましたか。

　　Ａ：これ、ありがとうございました。

　　Ｂ：あっ、もういいんですか。

　　Ａ：ええ、とてもおもしろくて、すぐ読めました。

　　Ｂ：じゃあ、よかったら、この本も読みませんか。これもおもしろいですよ。

　　Ａ：いいんですか。ありがとうございます。

　　質問：どうして本を返しましたか。

　　a．返してくださいと言われたからです。

　　b．つまらなくて、もう読みたくないからです。

　　c．読まないからです。

　　d．最後まで読んだからです。

第18課　病　気

2. テープを聞いて、内容と合うものを a～d から選び、記号を書いてください。
   （1）長い間、パソコンを使ったので、肩が痛いです。
   （2）おなかが痛いので、きょうは要りません。
   （3）交通事故にあって、けがをしました。
   （4）頭が痛いので、今から寝ます。

3. テープを聞いて、内容と合っていれば○、間違っていたら、×を書いてください。
   （1）田中さんは張さんにかばんを持ってもらいました。
   （2）王さんは陳さんにおいしいレストランを教えてあげました。
   （3）郭さんはわたしを空港まで迎えに来てくれました。
   （4）渡辺さんは高橋さんに小説を貸してもらいました。
   （5）李さんはわたしに手紙を書いてくれました。
   （6）鈴木さんに王さんの電話番号を教えてあげました。

第1単元の練習（第16～18課）

練习答案

1. ①しょくぜん ②かんこう ③きゅうきゅうしゃ ④いそ
   ⑤わす ⑥つづ ⑦す ⑧はんぶん
   ⑨ほうほう ⑩だま

2. ①味 ②宅 ③昼休 ④弁当 ⑤大都会
   ⑥伝統 ⑦関係 ⑧親 ⑨計画 ⑩電気

3. (1) を、に (2) から、に (3) で
   (4) が、まで（／のを） (5) より (6) を、から、から
   (7) で、ほど (8) か (9) でも
   (10) で (11) で、のを (12) だけ

4. (1) c (2) b (3) a (4) c (5) a (6) a (7) c (8) a (9) b (10) a

5. (1) a (2) b (3) a (4) d (5) d (6) c (7) d (8) a (9) a (10) c

6. (1) 電子辞書を買ってきてもらいました
   (2) おなかがいっぱいだからです
   (3) 作文を直してくれました
   (4) 出られる
   (5) 朝ごはんを食べないで大学へ行きました
   (6) 眠ってしまいました／携帯電話がなりました
   (7) （しつけ／教育方針／生活習慣）が違います
   (8) 使えません
   (9) どちらも大切です／友達のほうがもっと大切です
   (10) いないのかもしれません／たぶんいないでしょう

第1単元の練習（第16～18課）

7. (1) a (2) c (3) c (4) a、b、b (5) a (6) a、b

8. (1) c (2) d (3) e、g (4) h、f (5) b (6) a

9. (1) 教え方は先生によって違います。
   (2) 結婚のことは両親だけに相談します。
   (3) 去年の夏休みのあいだ、ずっとアルバイトをしていました。国へは帰りませんでした。
   (4) 会議が終わるまで携帯のスイッチを切っています。
   (5) コートを持って行きます。夜は寒くなるかもしれないから。
   (6) 竹が好物でみかけがかわいい動物はパンダです。
   (7) 私は砂糖を入れないでコーヒーを飲みます。
   (8) 1年生ですからできるだけ分かりやすく説明するようにしてください。
   (9) 私は子供に紙飛行機を作ってやりました。
   (10) 子供が大きくなって何も話してくれないから本当に困っています。

第19课　黄　砂

译文

会话1　日本的沙尘暴报道

（在东京高桥家，全家人正在看电视里的特别报道）

电视主持人：晚上好，这里是"聚焦世界"。大家听说过"沙尘暴"这个词吗？春天有时会出现天空变黄、看不清太阳的现象，这是由从中国大陆吹来的细小黄沙而造成的。黄沙顾名思义就是黄色沙尘的意思。在中国，每年从初春时起，这种沙尘就会在健康方面、环境方面带来诸多问题。实际上沙尘已经刮到了日本。今晚，我们将思考一下沙尘暴的成因，并探寻解决这一问题的措施。

弟弟　　　：哇，北京的天空，好黄啊！
母亲　　　：真是，不是烟雾吗？
父亲　　　：不是光化学烟雾，说是沙尘暴。是沙漠和高原的沙子，从中国的西北地区刮过来的。
母亲　　　：为什么会刮到日本来呢？
父亲　　　：可能是因为到了春天西北风很大吧。
弟弟　　　：哦……

主持人　　：有研究人员认为沙尘暴和地球变暖有关，目前日本环境研究所正在进行考察。在北京等地，出现了交通工具受到影响、晾晒的衣物和汽车被污染的事例，农作物和牲畜也受到了危害，在尚未危及人类健康的时期必须想出解决的对策。

母亲　　　：美穗不要紧吧。给她打个电话吧，跟她说沙尘暴期间，就算有事也尽量别出门。
父亲　　　：好！

第19課 黄　砂

会话2　家人的电话

（家人很担心，要给高桥打电话）

高桥：喂！

母亲：喂！啊，是美穗吗？

高桥：啊，妈妈，怎么突然打电话来？大家都好吗？

母亲：我们大家都好。先别说这边，北京那边怎么样啊？刚才看了电视里沙尘暴的节目，很担心，所以才给你打电话的。

高桥：谢谢！我没事。

母亲：北京也正在下黄沙呢吧。

高桥：是的，刚见到沙尘暴的时候还以为是烟雾呢，真的很吃惊。

母亲：是吗。

高桥：有时候即便是晴天天空也是黄色的，太阳也看不清。那时候洗过的衣服也不敢晾在外面，打开窗户沙子就会进到房间里，很难受。

母亲：出去的时候怎么办？

高桥：戴着墨镜、围着围巾出去。

母亲：不戴口罩出去吗？还是戴的好，我给你寄过去吧。

高桥：嗯，谢谢。但我从外面回来都漱口。

母亲：真的？中国人是怎么做的？

高桥：中国人也一样。有困难的话，我会问朋友的，没关系，别担心！

母亲：是吗？那你多注意！

高桥：谢谢！问大家好。

母亲：以后再打电话，多保重！

高桥：好的。再见！

课文　社区报上的读者来信：沙尘暴体验

（海外邮件　来自黄沙漫天的北京）

高桥美穗（中国京华大学语言进修生，19岁）

　　从去年9月起我就在北京留学，进修汉语。现在已经基本适应了这里的生活。今天，我从北京谈一谈关于沙尘暴的感受。

　　一天早上，我打开窗户一看，明明是晴天却看不见太阳。最初还以为是烟雾，后来才知道是从中国内陆刮过来的沙漠的沙子。那就是在日本也成为话题的沙尘暴。

在这里，最近时常是天空变黄，大风一刮，就掀起了沙尘的风暴。在北京每天的天气预报都有"今天的沙尘预报"，就像日本的花粉预报。例如，今天的天气预报是"多云转晴，扬沙"。正如预报所说的，沙尘大量地飘落下来。今天骑自行车去上课，风大的时候眼睛都睁不开，只能从车上下来推着走。

在我住的宿舍里，房间的窗户和门即便关着，沙子也会从什么地方进来。在街上，晾晒的衣服和汽车都被弄脏了。不少人都担心会给健康带来影响。

造成沙尘暴的原因还不是十分清楚，有人认为由于地球变暖，沙漠化越来越严重，从而形成了沙尘暴。在北京，市民义务种树已成为一种风尚。日本等其他国家也予以支持。听说最近沙尘已危及到了韩国、日本甚至是美国。我觉得这一问题应该被当做是我们大家共同的问题去思考。

教学难点

会话1

1. 简体

会话1是家人之间的对话，因此使用了简体。

2. わあ、北京の空、真っ黄色だ。

这里用判断句"だ"的方式表示发现某一事实。例如，向窗外一看发现下雨了，汉语一般说"啊，下雨了"，需要使用动词，而日语一般说"あ、雨だ"，不需要使用动词。

3. 父：光化学スモッグじゃなくて、「黄砂」って言うんだよ。
砂漠や高原の砂で、中国大陸の北西部から飛んでくるんだ。
……
父：春になると偏西風が強くなるからだろ。

显然，父亲在家里地位比较高，同时，关于黄沙掌握的信息也比母亲和儿子多，这一点从"って言う**んだよ**"、"飛んでくる**んだ**"、"強くなるから**だろ**"的表达方式中可以看出。

教学建议

外语学习中练习是必不可少的，练习形式多种多样，本教材的练习既有控制性

第19課 黄砂

强的练习，例如练习Ａ、Ｂ，也包括控制性与非控制性相结合的练习Ｃ，以及非控制性的发展练习Ｄ。本课会话2的发展练习就是一个非控制性练习，对学生在练习中使用的语言基本上不做要求，只要完成谈论自己想参加哪个活动的任务就可以了。教师可以根据需要调整对练习中使用的语言进行控制的程度。

练习答案

I. **文字、词汇、语法**

1. (1) ぞんじ　　(2) もじ　　(3) お、たいさく
   (4) せんたく　(5) さばく、わた　(6) おんだんか、かんきょう
   (7) のうさくぶつ　(8) たいけん　(9) せんそう
   (10) まんが、えいきょう

2. (1) 砂　(2) 交通　(3) 話題　(4) 外出中　(5) 汚
   (6) 閉、開け　(7) 梅雨　(8) 返事　(9) 夢　(10) 出会

3. マフラ・スカーフを　　　締める⇔とる／はずす
   洗濯物を　　　　　　　干す
   めがねを　　　　　　　かける
   ネクタイ・ベルトを　　巻く⇔とる
   靴・ズボンを　　　　　はく⇔ぬぐ
   ブームに　　　　　　　なる
   黄砂が　　　　　　　　降る
   影響を　　　　　　　　与える
   被害が　　　　　　　　出る
   帽子を　　　　　　　　かぶる⇔とる／ぬぐ
   メールを　　　　　　　送る
   返事が　　　　　　　　くる

4. (1) のに　(2) に　(3) への　(4) でも（にも）
   (5) に　(6) に　(7) に（と）、にも　(8) に
   (9) にも　(10) に（と）、が　(11) からか　(12) でも

5. 例
   (1) 男女が夫婦となるという意味です。
   (2) 国へ帰るという意味です。
   (3) 訪問する時に持って行く贈り物です。
   (4) いつでもどこでも電話がかけられる移動電話という意味です。
   (6) 山に登るという意味です。
   (7) 会社に入るという意味です。

6. 例
   (1) 花見に行きます
   (2) よくわからないのです
   (3) 旅行ができません
   (4) 買います
   (5) 年をとった人でもできます
   (6) 友達が来ませんでした
   (7) 絶対にエレベーターを使わないでください
   (8) 本を読みます／テレビを見ます
   (9) 成績が上がります
   (10) ピアノを習っています
   (11) 情報交換／情報更新が速くなった
   (12) 電気がついている
   (13) この小説は多くの人々に読まれるようになった（この小説を多くの人々に読んでもらえた）
   (14) 授業を聞いています。授業をします
   (15) 作文を書きなさい

7. (1) ならない (2) し (3) 来ない
   (4) なければ (5) 休めば (6) 古くても
   (7) 知らせれば (8) 通らないで (9) 上手なら
   (10) 分からなかったら (11) 薄かったら (12) 脱がない
   (13) 入れた (14) 行っても

第19課　黄　砂

8. 例
    (1) 400元ぐらいあればいいです
    (2) その理由を先生に説明すればいいです
    (3) いいえ、何も話さないで食べます
    (4) 車に乗って行きます
    (5) 「すみません。番号が間違いました。」と言えばいいです
    (6) 一生懸命練習したのに途中で忘れてしまいました

9. (1) A：の　B：のよ　A：の　B：わよ、の　A：わね
    (2) A：の　A：のよ
    (3) B：よ　B：よ、よ

10. (1) d　(2) b　(3) i　(4) a　(5) c　(6) g
     (7) l　(8) e　(9) h　(10) k　(11) f　(12) j

Ⅱ．听力
1. (1) b　(2) b　(3) c

2. (1) b　(2) d　(3) e　(4) a

Ⅲ．阅读
    (1) a　(2) a

听力练习文字资料

1. テープを聞いて、例のように正しい答えを1つ選んでください。
    例　質問：今から何をしますか。
        A：きょうはずいぶん早いですね。
        B：きのうは疲れていたから宿題をしないで寝たんです。だから、きょうは朝ごはんを食べないで起きてすぐに学校に来たんです。
    質問：今から何をしますか。
        a. 朝ご飯を食べます。
        b. 学校に行きます。

         c．寝ます。
         d．宿題をします。
（1）質問：どうしてあまり食べないんですか。
         A：あれ、あまり食べてませんね。具合が悪いんですか。
         B：いいえ、実はダイエットをしているんです。
         A：ダイエット？
         B：ああ、「ダイエット」とは食事を減らしたり、運動をしたりして痩せるという意味ですよ。
         A：そうなんですか。でも、体に気をつけてくださいね。
    質問：どうしてあまり食べないんですか。
         a．食欲がないからです。
         b．痩せたいからです。
         c．具合が悪いからです。
         d．食事のあと運動をしたいからです。
（2）質問：男の人はどうしましたか。
         男：あー、喉も痛いし、頭も痛い。風邪を引いたかな。
         女：ひどくならないうちに、よく休んだほうがいいですよ。
         男：そうですね。じゃあ、きょうはお先に失礼します。
         女：おだいじに。
    質問：男の人はどうしましたか。
         a．仕事を休みました。
         b．仕事の途中で帰りました。
         c．仕事に行きませんでした。
         d．仕事の途中で寝ました。
（3）質問：いつ会場へ行きますか。
         A：そろそろ会場へ行こうか？
         B：5時になったら行かない？
         A：でも、5時になったら道が混むかもしれないよ。
         B：そう。じゃあ、すぐ行こう。
    質問：いつ会場へ行きますか。
         a．5時に行きます。
         b．5時半に行きます。
         c．今、行きます。
         d．行きません。

第19課　黄　砂

2. テープを聞いて、関係のある事柄を選んでください。
　　例　急げば間に合います。
　（1）わからなければ質問してください。
　（2）メガネをかければ見えます。
　（3）予約をしなければ泊まれません。
　（4）砂糖を入れなければ飲めません。

第20課　遠　足

译文

会话1　郊游的计划

（在校园里）

王　：远藤老师，过几天我们日语专业的同学打算去香山郊游，您去吗？

远藤：香山公园？好啊！什么时候？

王　：我们想在您时间方便的时候去。您看什么时间合适？

远藤：嗯，如果是下周应该没问题。

王　：下周什么时间合适？

远藤：嗯，郊游如果是一天的话那就周六，如果半天的话就周日比较好。

王　：那就定在周六吧。对了，高桥和渡边也说要去……。

远藤：那太好了。王宇翔，机会难得，邀请日本的汉语进修生一起去怎么样？大家一起去既有意思，又能说日语。

王　：对啊，那我去邀请高桥。嗯，古屋老师呢？

远藤：今天没来。

王　：是吗？嗯，我们也想邀请古屋老师……

远藤：好啊，那我去问问他的时间。

王　：好的，那就拜托您了！

会话2　郊游当日

（郊游当天，在香山公园）

王　：老师，您走得可真快呀！

远藤：是吗？一直是这样。其实我小时候就喜欢体育运动，甚至想过要当运动员。

王　：是吗？那，老师，您能说说选择日语教师这条道路的原因吗？

远藤：原因吗？上大学的时候，我和一位中国留学生成了好朋友。通过她认识了很多中国人，觉得很有意思。我想找到自己力所能及的工作，将来能生活在中国，于是就当了日语教师。

王　：是这样啊！

远藤：王宇翔，你小的时候，想干什么？

王　：啊？我吗？小时候想当医生，现在想从事与国际有关的什么工作。
远藤：是呀！那，为什么学日语呢？
王　：哦，因为我觉得以后中国和日本的关系会越来越重要。
远藤：是的。
王　：如果可能的话，我想去日本留学，亲自看看日本的社会和文化，体验一下。
　　　老师，您不累吗？我帮您拿东西吧。
远藤：谢谢！啊，王宇翔，你的东西真少啊！你的盒饭呢？
王　：啊！糟了！忘带了。

课　文　　旅 游 手 册　　改行去东京的游客可以选择自己喜欢的行程

■ 有效期限：7月1日～10月31日每日发团 ■

＜奈良和京都　巡游世界遗产＞

　　在日本的12处世界遗产当中，有3处是在法隆寺地区和古都奈良、古都京都一带。

■ 62,500～80,700 日元

日　期	行　　　程	用　餐
1	从东京或各地出发　→　京都站　→　长谷寺　→　（午餐）春日大社　→　东大寺（大佛殿）　→　药师寺　→　酒店	午
2	酒店　→　平等院　→　三十三间堂　→　清水寺（午餐）　→　银阁寺　→　金阁寺　→　酒店	早午晚
3	自由活动　京都站　→　东京站以及各出发地	早

○　乘坐包车游览
○　住宿为一流酒店的豪华客房
○　晚餐为京都特色菜
○　备有汉语、英语及韩语翻译（自选）

＜东京　巡游年轻人的街道＞
　　　　乐在其中，会令你忘记时间的流逝

■ 38,800～49,900 日元

日　期	行　　　程	用　餐
1	从东京或各地出发　→　东京梦幻世界　→　酒店	晚
2	酒店　→　涩谷　→　原宿（自由活动）　→　台场　→　酒店	早晚
3	自由活动　→　东京站以及各出发地	早

○ 乘坐观光大巴游览
○ 住宿为星级的酒店
○ 可以欣赏颇受欢迎的卡通人物音乐剧（自选）

教学难点

会话 1

1. 学习这一段对话，除了语言的结构和功能以外，还要重视邀请身份、年龄高于自己的人的表达习惯。

2. 日语的敬语系统非常发达，由于汉语没有相应的语言形式，给学生在理解上造成了一定的障碍，因此，在学习语言形式之前，先要了解与敬语相关的思维方式。

教学建议

本课的课堂活动可以让学生分组选择课文中的一个旅游线路，并说明原因。或者让学生上网查找一个适合自己的旅游线路，说明线路特点。

练习答案

I. 文字、词汇、语法

1.

つごう / しゅと	かいじょう / ばあい	えんそく / てあし	せんしゅ / えらぶ	たべもの / にもつ
けいけん / たつ	たべる / しょくじ	であい / がいしゅつ	いしゃ / わかもの	きょうしつ / おしえる
としょかん / かく	みる / けんがく	むちゅう / ゆめ	あう / かいぎ	したしい / しんゆう / おやこ

第20課 遠足

2. (1) 来週　(2) 専攻　(3) 誘って　(4) 研修生　(5) 弁当　(6) 疲
   (7) 運動　(8) 通訳　(9) 奈良、古都　(10) 昼食

3. (1) で、のは　(2) に　(3) を　(4) なら、を
   (5) で　(6) への　(7) より、に　(8) に、に、か、で
   (9) のに　(10) なら、が

4. (1) 専門の人を呼んで来ます。／専門の人に直してもらいます。
   (2) 旅行なら、今の時期は海南島がいいです。
   (3) 恋人の好きなものを作ったらどうですか。
   (4) 名古屋にいます。
   (5) そうですね、辞書なら「国語辞典」が分かりやすいです。
   (6) 喫茶店なら、スーパーの後ろにあります。静かでコーヒーも美味しいです。
   (7) はい、どうぞ。
   (8) ときどき衛星放送を見たり聞いたりしたらどうですか。

5. 例
   (1) 残業します。／日曜日でも休まずに働きます
   (2) ＡＴＭを使ってお金を引き出します
   (3) 学生に手伝ってもらいます
   (4) 家でした、レストランの
   (5) できます、とても無理です
   (6) 明日の遠足を楽しみにしています
   (7) 間違った電車に乗って
   (8) 日本語が上手です
   (9) 電気を消すのを
   (10) メール
   (11) 二人だけの秘密
   (12) パソコンを持っています

6. (1) 先生、もう一度教えてくださいませんか
   (2) 作文の間違いを直してくださいませんか

(3) 自転車／鍵／ノートブックを貸してくださいませんか
(4) 北京大学はどこにあるか教えてくださいませんか
(5) 掃除／パーティーの準備を手伝ってくださいませんか
(6) すみません、上の荷物を取ってくださいませんか
(7) すみません、写真を撮ってくださいませんか

7. (1) 見学なさってください。／ご見学ください
   (2) エレベーターを使わないでください
   (3) 無理をしないほうがいいです
   (4) ゆっくり休んだほうがいいです
   (5) 先輩に教えてもらったらどうですか
   (6) 自分でやってみたらどうですか
   (7) 学校に遅れてしまった
   (8) 会場にお入りください
   (9) お国へ帰られますか／お国へお帰りになりますか
   (10) 食べてしまった

8. (1) いらっしゃいますか
   (2) ご存知ですか
   (3) なさいますか
   (4) お話しくださいますか
   (5) お書きください
   (6) お待ちください
   (7) いらっしゃっていますか
   (8) お取りください
   (9) お使いください

9. (1) 恋人が外国へ行ってしまいました。　　寂しいです。
   (2) 時計が止まったので　　　　　　　　　飛行機に遅れてしまった。
   (3) 15年も住んだ故郷なのかと思うぐらい　故郷がずいぶん変わった。
   (4) 一生忘れられないぐらい　　　　　　　印象が深いです。
   (5) 彼は靴をはいたまま　　　　　　　　　畳の部屋にあがってしまった。
   (6) 電車の中に忘れ物をしてしまった。　　困った。

(7) 子供20人のうち15人が　　　　　　海外旅行をしたことがある。
　　(8) 明日または明後日、　　　　　　　　学校の図書館で会いましょう。

Ⅱ．听力
1. (1) c　(2) b　(3) c

2. (1) b　(2) c　(3) a　(4) d

Ⅲ．阅读
　　(ア) c　(イ) c　(ウ) b

听力练习文字资料

1. テープを聞いて、例のように正しい答えを1つ選んでください。
   　例　質問：クラスのコンパはいつありますか。
   　　　A：いま、クラスのコンパを計画しているんですが。
   　　　B：そうですか。
   　　　A：先生にもぜひ出席していただきたいので、来週のご都合を伺ってもよ
   　　　　ろしいでしょうか。
   　　　B：来週なら水曜日と木曜日以外ならいつでもいいですよ。
   　　　A：わかりました。時間が決まりましたら、またご連絡いたします。
   　　　質問：クラスのコンパはいつありますか。
   　　　a．水曜日と木曜日にあります。
   　　　b．水曜日か木曜日にあります。
   　　　c．水曜日と木曜日以外の日にあります。
   　　　d．水曜日にあります。
   (1) 質問：昼休み家に帰って何をしますか。
   　　　A：朝、急いでいたので、鍵をかけないで来てしまったかもしれません。
   　　　B：心配なら昼休みに帰ってみて来たらどうですか。王さんの家は会社か
   　　　　ら近いんですから。
   　　　A：そうですね。そうします。
   　　　質問：昼休み家に帰って何をしますか。
   　　　a．鍵を持って来ます。

         b. 鍵をかけます。
         c. 鍵がかかっているか確認します。
         d. 鍵をあけます。
    (2) 質問：雨が少しだけ降っているとき、陳さんは何で学校へ来ますか。
         A：陳さんはいつも自転車で学校に来てるんですか。
         B：はい。
         A：雨の場合はどうするんですか。
         B：少しの雨なら、自転車で来ます。たくさん降っている場合はバスに乗って来ます。
         質問：雨が少しだけ降っているとき、陳さんは何で学校に来ますか。
         a. 歩いて来ます。
         b. 自転車で来ます。
         c. タクシーで来ます。
         d. バスで来ます。
    (3) 質問：映画はどうでしたか。
         A：『地球人』という映画をご存知ですか。
         B：いいえ。王さんは見たんですか。
         A：ええ、きのう見て来ました。
         B：どうでしたか。
         A：何度でも見たいくらいとってもおもしろかったですよ。先生もぜひ、ごらんになってください。
         質問：映画はどうでしたか。
         a. とてもおもしろいので何度も見ました。
         b. あまりおもしろくありませんでした。
         c. とてもおもしろかったです。
         d. 先生はおもしろいと言っています。

2. テープを聞いて、関連のある絵を1つ選んでください。
    (1) A：うわあ、すごい。これ全部王さんが作ったの？
         B：ええ、たくさん召し上がってください。
         A：いただきます。
    (2) A：先生、重そうですね。私がお持ちいたします。
         B：ありがとう。でもそんなに重くないから大丈夫。

(3) A：たくさんの人が待ってますね。
　　B：ええ、きっとおいしいんでしょう。
　　C：いらっしゃいませ。こちらをご覧になってお待ちください。
　　A：わ、ずいぶん、高いんですね。
　　B：別のところへ行きましょう。
　　A：そうしましょう。
(4) A：先生がお撮りになったんですか。
　　B：うん、もう五年も前になるかな。学生に誘われて遠足に行ったときに。
　　A：ちょっと見せてくださいませんか。
　　B：どうぞ。

第21課　遠足のあと

译文

会话1　郊游的照片

（日语课的课间休息，在教室）

古屋：你们在看什么呢？

王　：啊，老师。是郊游时拍的照片，您看看吧！

古屋：是吗，那我得看看。那天有事没能去成，我还想你们玩得怎么样呢。啊，这张照片，看上去好像马上要下雨似的。

赵　：嗯，上午天阴得厉害，中午的时候就完全晴了。

古屋：那还不错，你们大家平时修行得好，所以到时候天就晴了。王宇翔带的饭看上去挺香的，是自己做的吗？

王　：不是，实际上我一马虎忘了带了，是远藤老师把她带的饭分给了我一半。

赵　：那个紫菜卷也分给我们了，真的很好吃。远藤老师还教给我们怎么做了，我们打算下次聚会的时候试着做做。

王　：咱们应该送给远藤老师一点儿礼物，远藤老师对我们的今后还提出了很多建议呢。

古屋：那就把大家一起照的照片做成相册送给她怎么样？她肯定会高兴的。

王　：啊，真是个好主意。谢谢您。

会话2　改变形象

（渡边、李东和高桥坐在长椅上看郊游时的照片，铃木从远处走来）

渡边：咦，你看那个人，不是铃木吗？

李　：啊，真的！他的脑袋怎么成那个样子了？

高桥：真的！铃木！

铃木：（很不好意思地）啊，你们好！

李　：铃木你改变发型了，挺适合你的，是吧，渡边？

渡边：嗯，嗯……。简直就像，前些时候大家一起看的电影中的那个主人公一样。是吧，高桥？

高桥：是，是啊！

铃木：是吗？其实我本来想弄成足球队员安德逊那样。

渡边：安德逊？

铃木：是的。但我在美发店不知怎么解释好，就把安德逊的照片给他们看，结果还是和我想的不一样。

高桥：没有啊！我觉得显得很健康、有活力，比安德逊要好多了。

铃木：稍微染了一下发，烫了头。颜色太亮了吧？

李　：颜色还行，是吧，渡边？

渡边：啊，是啊！到了暑假我也弄成铃木那样的狮子头。

铃木：啊，我的发型像狮子吗？

高桥：不，不是！不是那样的！马上就到夏天了，我觉得挺合适的。

李　：是啊，挺精神的！

铃木：是吗？

课文　（给老师的）感谢信

远藤老师：

　　前几天的郊游，大家都玩得很高兴，非常感谢您。另外您还把盒饭分给我，谢谢您了。

　　从香山顶上看到的景色，简直像画一样。我来北京已经快两年了，很久没有见到那么晴朗的天空了。一边望着美景一边和大家一起吃饭，感觉真是很好。当时照的照片已做成了相册，您看一看吧。大家看上去都很高兴。（我看上去好像有点难受吧，那是因为盒饭太好吃了，我吃多了。）我想以后一定还要创造这样的机会。

　　在日语课上我也总是受到您的关照，非常感谢。今后还要请您多关照。

王宇翔
四月二十日

教学难点

会话 1

　　本课继 18 课之后，再次学习授受、受益动词，由于授受动词很多时候涉及利益的授受，因此一定注意使用条件的限制，例如"～てあげる、～てさしあげる"有自己施益给对方的意思，使用不当容易会给对方造成心理负担，需要特别注意。

会话2

1. 这一段对话的故事情节非常有趣，铃木理发失败后，见到李东、高桥、渡边，几个同学也觉得铃木的发型有些怪异，但是为了不让铃木难堪，便尽量安慰他，但几个人又不知道该怎么说好。

这次还是冒失的李东首先提到这个话题，"鈴木さん、髪型変えたんですね"。实际上，如果没有李东在，也许高桥和渡边就不说这个话题了。

要注意听录音，从几个人物说话时的语气、停顿，听出他们的尴尬。加深对语言的理解。

2. 本当だ。
简体的形式表示瞬间的发现、确认。

教学建议

本课会话2是几个人努力正面评价原本失败的发型，可以组织类似的活动，让学生尝试正面评价事物。

例如：最近太ってしまった友達に
　　　4級の試験に失敗した友達に
　　　彼女にふられた友達に

练习答案

I. 文字、词汇、语法

1. (1) な　　　(2) たお　　　(3) なお　　　(4) てづく
　 (5) いわ　　(6) そ　　　　(7) あおぞら　(8) なが
　 (9) にあ　　(10) にんぎょう

2. (1) 礼　　(2) 自分　(3) 考　(4) 菓子　(5) 先日　(6) 幸
　 (7) 目上　(8) 頂上　(9) 世話　(10) 美

3. (1) ので、に　　　(2) で、か、で　　(3) なのに
　 (4) に、に　　　　(5) は／が、に、を　(6) に
　 (7) に、に　　　　(8) で　　　　　　　(9) に
　 (10) に

第21課　遠足のあと

4. (1) なかなか　(2) うっかり　(3) のんびり　(4) すっかり／ずいぶん
   (5) いったい　(6) ずいぶん　(7) ごゆっくり　(8) ちょっとした

5. (1) 恥ずかしそうに下を向いています。
   (2) うれしそうに恋人と話しています。
   (3) 心配そうにお医者さんの話を聞いています。
   (4) 楽しそうに友達と騒いでいます。
   (5) 寂しそうに一人で座っています。
   (6) 悲しそうに泣いています。

6. (1) いただきました
   (2) さしあげました
   (3) くださいました
   (4) くださいました
   (5) いただいた
   (6) A：くださいましたか　B：くださいました
   (7) A：いただきましたか　B：いただきました
   (8) いただきました
   (9) さしあげました　くださいました
   (10) いただいた

7. (1) くださいました・いただきました　(2) いただきました
   (3) くださいました　　　　　　　　(4) いただいて
   (5) いただきました　　　　　　　　(6) さしあげました
   (7) くださった　　　　　　　　　　(8) くださいまして
   (9) いただきました　　　　　　　　(10) くださいました

8. (1) なさそうに　(2) よさそうに　(3) 悪そうな
   (4) ありそう　(5) 持てそう　(6) 見えそう
   (7) 勉強できそう　(8) おもしろそうな　(9) 丈夫そうな
   (10) 会いたくなさそう

9. (1) のように　(2) みたいな　(3) ような　(4) ように　(5) ような

10. (1) B：柔らかいおかゆを作ってあげました
    (2) 紹介していただけませんか
    (3) たんすの上に載せていただければ、ありがたいです
    (4) 高すぎるからやめました
    (5) あの丈夫で軽そうな鞄はいかがですか。ポケットがたくさんあって便利そうですよ
    (6) ひどい目にあったんですよ。間違い電話で起こされたり、財布を落としたりして……

Ⅱ．听力
1. (1) c (2) c (3) b (4) a

2. (1) b (2) d (3) e

3. (1) × (2) ○ (3) × (4) ○ (5) ×

Ⅲ．阅读
   （ア）b （イ）b （ウ）b

听力练习文字资料

1. テープを聞いて、例のように正しい答えを１つ選んでください。
    例　質問：どうしてエース美容院に行きますか。
        A：髪を切りに行きたいんですけど、どこへ行ったらいいでしょうか。
        B：それなら、エース美容院に行ったらいいですよ。ちょっと高いけど、ここから近いし、とても上手ですよ。
        A：そうですか。でも、ちょっと高いんですよね。
        B：でも、美容師がハンサムですよ。
        A：じゃあ、そこに行きます！
    質問：どうしてエース美容院に行きますか。
        a. 値段が安いからです。
        b. 近いからです。
        c. 上手そうだからです。
        d. 美容師がハンサムだと聞いたからです。

第21課　遠足のあと

(1) 質問：料理を食べましたか。
　　A：うわあ、おいしそうですね。これ、全部王さんが作ったんですか。
　　B：ええ、私、料理が好きなんです。たくさん食べてください。
　　質問：料理を食べましたか。
　　a. 今、食べています。
　　b. はい、おいしかったです。
　　c. まだ食べていません。
　　d. もう食べました。

(2) 質問：男の人は何と言っていますか。
　　A：もしもし、すみません、きょうのパーティーには行けそうもありません。きょう中に終わらせなければならない仕事がまだたくさんあって。
　　B：そうですか。残念ですね。仕事をしすぎて、体を悪くしないように気をつけてくださいね。
　　A：ありがとうございます。じゃあ、また。
　　質問：男の人は何と言っていますか。
　　a. きょうは仕事があるので、パーティーはありません。
　　b. 体の調子がわるいので、パーティーに行かれません。
　　c. きょうは仕事をするので、パーティーに行かれません。
　　d. きょうは、パーティーがありません。

(3) 質問：様々な知識を身につけるには何をしたらいいですか。
　　A：先生、将来、通訳になりたいと思っているんですが、どんな勉強をしたらいいでしょうか。
　　B：まず、日本語の勉強をすること、それから、様々な分野の知識を身につけることも大切ですね。
　　A：どうしたらいろいろな知識が身につきますか？
　　B：ニュースや新聞をよく見たらいいと思いますよ。
　　A：そうですか。頑張ります！
　　B：頑張ってくださいね！
　　質問：様々な知識を身につけるには何をしたらいいですか。
　　a. 人とたくさん話します。
　　b. ニュースや新聞をよく見ます。
　　c. 本をたくさん読みます。
　　d. 一生懸命勉強します。

(4) 質問：次は陽子さんが歌いますか。
　　A：王さん、歌、上手ですね。
　　B：ええ、王さんはよくカラオケに来るって言ってました。
　　A：じゃ、次、陽子さん、どうぞ。
　　B：え、私、王さんみたいにうまく歌えませんよ。
　　A：大丈夫。
　　B：じゃあ。
　　質問：次は陽子さんが歌いますか。
　　a．はい、歌います。
　　b．いいえ、歌は歌えません。
　　c．王さんが歌うので歌いません。
　　d．わかりません。

2. 何を見て話していますか。会話をしている人たちが見ているものを選んでください。
   (1) A：可愛いですね。
       B：ほんとう。ぬいぐるみのようですね。
   (2) A：見て！おもしろい形をしていますよ。
       B：くるまみたいな形をしていますね。
   (3) A：おいしいですか？
       B：あんまりおいしくないです。薬みたいな味がします。

3. テープの内容と合っていれば○、間違っていれば×を書いてください。
   例　これは楊先生が私にくださった本です。
   (1) 私は李先生にきれいなカレンダーをさしあげました。
   (2) 私は劉先生にＣＤをいただきました。
   (3) 王先生に劉先生を紹介していただきましょう。
   (4) 山田さん、李先生を図書館までご案内してさしあげてください。
   (5) 私たちのクラスに遠藤先生が写真を送ってくださいました。

第2単元の練習（第19～21課）

练习答案

1. ①こんや　　②うかが　　③まい　　④そんけい
   ⑤つうやく　　⑥しぶや　　⑦おこな　　⑧げつまつ
   ⑨ちょうじょう　⑩こうつう

2. ①台風　　②曇　　③書店　　④太陽　　⑤連絡
   ⑥出会　　⑦荷物　　⑧財布　　⑨外出　　⑩眺

3. (1) まで、が　(2) に　(3) に、が、でも　(4) のに
   (5) に、のを　(6) ので　(7) と　(8) を（／は）、に
   (9) で、で　(10) に、を、に

4. (1) よ　　　　(2) よ　　(3) ね　　(4) よ
   (5) よ、ね（ね、よ）　(6) ね　(7) かしら　(8) かしら
   (9) よ、の　　(10) の

5. (1) c　(2) a　(3) c　(4) d　(5) a　(6) b　(7) c　(8) d　(9) c
   (10) a　(11) c　(12) b

6. 例
   (1) 分からない時、先生に聞けばいいです。
   (2) 地震が起きた場合は火を消してください。
   (3) 薬を飲んでいる、まだ治りません。
   (4) 雨の場合はやめます。／来週にします。
   (5) よく復習した、だいたいできました。
   (6) 地下鉄がなくなら、帰らなければなりません。
   (7) 入らないで寝ます。

(8) せっかく切符を買ってある
(9) 夏でも熱いお茶を飲みます。
(10) 財布を忘れて／かぎを忘れて。

7. (1) お帰りになりますか
   (2) ご覧になりましたか
   (3) お呼びします、お待ちください
   (4) 召し上がりますか
   (5) いらっしゃいますか
   (6) お買いになりましたか
   (7) お送りしました
   (8) なさいますか
   (9) 伺っ
   (10) お目にかかれて

8. (1) コーヒーやタバコが出てきます。
   (2) この電話番号に電話をかけてください。
   (3) 電気がついています。
   (4) 中に入るのがこわいです。／部屋の中はまっくらです。／電気が消えています。
   (5) パーティーがもっと楽しくなると思う。
   (6) ボランティアで好きな仕事を続けたいです。
   (7) 4月の末から5月の初めの一週間の休みという意味です。
   (8) いただいた、あげました。
   (9) 教えていただきました。
   (10) 送ってくださいました。

9. (1) 学生のうち二人だけ日本へ行ったことがある。
   (2) 学校の駐車場は狭いのでバスまたは地下鉄で保護者会にご参加ください。
   (3) 田中先生に推薦状を書いていただきたいと思っています。
   (4) 隣の若者は足の不自由な老人に席を譲ってあげました。
   (5) A：日本語がお上手ですね。誰に習われたのですか。
       B：父が教えてくれたのです。

(6) 一生懸命勉強したのに試験はできませんでした。
(7) 火事の場合はエレベーターを利用しないでください。
(8) 黄砂によって高速道路が閉鎖された。
(9) 父は先生としてより翻訳家として有名です。
(10) この仕事は王さんに手伝ってもらったらどうですか。
(11) 卒業とは全課程の単位を取って大学を出るという意味です。

第22課　宝くじ

译文

会话1　关于中奖者

（休息时间）

高桥：李东，你怎么了，有什么担心的事吗？

李　：啊，高桥。是这样，上周考试的成绩不好。因为最近打工比较忙，没怎么学习……

高桥：是吗？

李　：高桥，日本也有彩票吗？

高桥：有啊！可你为什么问这个呢？

李　：要是有了钱不就不用打工了嘛！如果中了奖马上就能成为有钱人了。

高桥：是啊！对了，听说上周我一个朋友的哥哥就中奖了。

李　：啊，真的？

高桥：嗯！好像是第一次买彩票就中了一等奖。那个朋友说他哥哥运气很好。

李　：第一次买彩票就中了一等奖，真是厉害！对了，一等奖多少钱？

高桥：多少钱我不知道，但应该是很多钱吧。

李　：那么多钱他怎么花啊！

高桥：嗯……

李　：想要的东西什么都能买。

高桥：而且也不用打工。

李　：我也想买一个试试，但恐怕中不了吧。

高桥：中不了也没关系，反正是买一个梦想。

会话2　本末倒置

（第二天）

李　：高桥，还是昨天那件事。

高桥：哦，彩票的事吧？

李　：是啊！我也想买彩票……

高桥：是吗，要是能中就好了！就不用打工了。
李　：是啊！要是中了一等奖，买什么呢？
高桥：比如说能制作游戏软件的一套很贵的电脑？
李　：再贵也买得起，而且还可以当开软件公司的资金。
高桥：中了奖，当了学生老板，那该多快乐啊！
李　：学生老板……，不错嘛！
高桥：但要想中一等奖就得买好多张吧？
李　：中奖率比较低，所以得多买……，对了，要想多买彩票就得多打工。
高桥：可工打得太多成绩不就得下降了吗？
李　：啊，也是！为了彩票留级的话，那不就是本末倒置了吗！
高桥：是啊！学生还是学习第一。
李　：确实是。顺便问一下，高桥，明天的课预习好了吗？
高桥：啊，还没看呢！现在就看。

课文　《从新生问卷调查谈起》东西大学学生报

东西大学学生报以700名一年级新生为对象，就大学生活的状况在网上进行了问卷调查（有效问卷600份）。（调查的详细情况刊登在校刊的网页上。）在本次调查中，主要针对：1）每个月的经济状况以及打工经历的有无；2）在大学生活中认为日常生活方面最重要的事等进行了多项选择的问答。

首先我们来看一下第一个问题。调查对象的70%拥有自己的电脑，20%计划今年假期出国旅行。可以说大家在经济方面并不拮据。但调查对象的75%在打工。针对为何打工这一问题，得到了"为了生活更富裕（45%）"、"为了买衣服和包等（30%）"、"为了娱乐和旅游（30%）"、"为了维持生活（20%）"等回答【表1】。可见一年级学生的多数是为了生活更富裕而打工。但也有学生回答"为了社会实践（15%）"，认为打工的经历有利于自身的成长。

表1　打工的目的

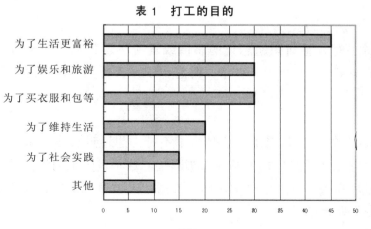

其次是第二个问题。回答"学习第一（27%）"的人最多，其后依次是"差不多就行了（22%）"、"人际关系第一（20%）"、"社团活动第一（15%）"、"兴趣爱好第一（13%）"【表2】。大学期间，学习第一是毋容置疑的，但比起社团活动和兴趣爱好来，很多学生对人际关系更为关心，由此可以看出一年级学生十分在意同朋友及身边人的相处方式。此外，从"差不多就行了"这一回答可以看出，对各方面的事都想广泛而浅显地涉及一下的人也为数不少。

最后，在自由阐述一栏中，有"在大学期间想挑战一下参加工作以后就做不了的事"、"比起经济上的富裕更重视精神上的满足"等观点。据说很多人认为近来日本的大学生不学习，但从本次调查可以看出，优先考虑学习、关心社会的学生之多出人意料。

（报告人　社会学系三年级　三保健介）

表 2　现在什么事最重要

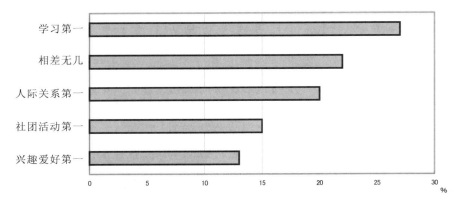

教学难点

会话1

1. あ、そうだった。

这里的过去时有重新想起忘记的事情或重新注意到忽视的事情的意思。例如"きょうは日曜日でしたね"，表示一时忘记了今天是周日，通过某种启发，重新想起。

2. 李东因为打工学习退步，于是为了不打工想通过买彩票来挣钱，但是要买彩票需要钱，因此又说要多打工挣钱来买彩票，这种逻辑上的混乱，使故事内容充满幽默，而最后高桥说服李东"学习第一"后，又被李东提醒自己还没有写作业，这也是一个令人发笑的结果。

第22課 宝くじ

教学建议

1. 彩票是一个一般教材不愿涉及的话题，本教材只是把它当成一个轻松的话题。教师可以根据学生的具体情况，进行正确的引导，相信一般的学生都能够正确对待彩票、金钱、机会等问题。

2. 图表说明的表达方式基本上是固定的，掌握之后能够对今后的实践非常有益，另外日语能力考试中也多次出现图表说明的考题。因此，要让学生掌握课文中问卷调查和图表的说明方法。

练习答案

I. 文字、词汇、语法

1. (1) あ　　　　　　(2) たから、かんしん　　(3) ぼしゅう
   (4) たいきん　　　(5) ほんまつてんとう　　(6) しんきゅう
   (7) しょうへいじょう　(8) ちょうせん　　(9) うむ
   (10) かねも

2. (1) 低　　(2) 確　　(3) 回答　　(4) 日常　　(5) 質問
   (6) 成長　(7) 友人　(8) 案外　　(9) 年玉　(10) 成績

3. (1) を、に、に　　(2) でも　　　(3) での、を、に、に
   (4) を、に　　　　(5) を（は）、で　(6) に、に
   (7) も　　　　　　(8) で、を、に　(9) にも、にも
   (10) は、で、だ　(11) に、と

4. (1) 会いたく　(2) なかっ　(3) 生かす　(4) 遅れた
   (5) 会う　　　(6) よけれ　(7) 新鮮だっ　(8) ならない

5. (1) ああ、卒論がやっと終わったって言ってました
   (2) 今日は遅いから寮に戻らないって言ってました
   (3) 期末試験は来週の月曜日にあるそうだ
   (4) 外国に留学する高校生が年々増えているそうだ
   (5) レンジでピザを作るなんて聞いたことがない
   (6) 大学生の子供を持っているなんて信じられない

6. 例
   (1) 食べられません
   (2) こちらに連絡してください
   (3) 買う前にちょっと食べてみるという意味です
   (4) まず世界を旅行します
   (5) 最近、交通事故のために亡くなる人が増えてきたそうだ
   (6) それほどではなかった／それほどおいしくなかった
   (7) 自己中心で勝手すぎる
   (8) 大したもんだ／すごい／信じられない
   (9) 撮った写真を壁に飾ります
   (10) 胃の調子が悪いから肉や揚げ物を食べない
   (11) プレゼントを買ってあげるのをやめました
   (12) 去年より難し過ぎる
   (13) 石油の価格がどんどん上がっているという

7. 例
   (1) 日本人とその社会をもっと深く理解するためです
   (2) 毎日1時間ぐらい運動しなければなりません
   (3) 高くても買います
   (4) やってみないとわからないんじゃないんですか。ぜひやってみてください
   (5) きっと喜んでくれるでしょう
   (6) 気になって友達と気楽におしゃべりができなくなるから
   (7) 中国の民間大学について書くつもりです

8. 例
   (1) 体に気をつけています
   (2) 窓を開けました
   (3) 一生懸命に働いています
   (4) 速達で送りました
   (5) 師範大学に入りました
   (6) 仕事をやめました

9. (1) 怀石料理，太贵了！
   (2) 如果是学生就可以免费入场。
   (3) 想听听有关如何与朋友、身边人相处的话题。
   (4) 人们会认为上了好的大学就业也就会比较容易。
   (5) 不管生活多么贫困，有很多家长还是努力让孩子上大学。
   (6) 为了能见到分别10年的同学我从美国回来了。
   (7) 能见到分别10年的同学该多高兴啊！
   (8) 因为脚受了伤不能参加比赛了。
   (9) 没时间了，为了开会不迟到打车去。
   (10) 在学习外语的时候，听、说、读、写哪个都是必不可少的。

10. (1) 卒業論文のテーマを見ると、日本経済に強い関心を持っている学生が案外多いということが分かる。
    (2) 生活にゆとりを持たせるために日本では家庭の主婦でパート・タイムで働き家計の足しにしている人は少なくない。
    (3) 私の先生たちはよく留学での経験を授業に生かして教えてくれます。
    (4) 何でもほどほどにするのがいいと言われていても、時に無理にする人がいる。
    (5) せっかくの旅行なのに運が悪くてずっと見たかった富士山が見えませんでした。
    (6) 今は多くの若者が何でも広く浅く関わろうと思っている。

II. 听力
1. (1) b (2) d (3) a (4) c

2. (1) b (2) c (3) a (4) d

III. 阅读
   (1) c (2) a

听力练习文字资料

1. テープを聞いて、例のように正しい答えを1つ選んでください。

   例　質問：今何時ですか。
   　　A：8時の電車に乗りたいんですが。
   　　B：ちょっと間に合いませんね。どんなに急いでもここから20分はかかります。
   　　A：そうですか。
   　　質問：今何時ですか。
   　　a．7：20　　　b．7：45　　　c．8：00　　　d．8：20

   (1) 質問：山田さんは来ますか。
   　　A：山田さん来ませんね。
   　　B：時間に遅れそうだったら、電話をするって言ってましたよ。
   　　A：そうですか。じゃあ、もう少し待ってみましょう。
   　　B：（電話の呼び出し音）はい、あ、山田さん、はい、はい、わかりました。ではまた。山田さん、きょうは来られないそうです。
   　　A：そうですか。しかたがありませんね。二人で行きましょう。
   　　質問：山田さんは来ますか。
   　　a．後から来ます。
   　　b．来ません。
   　　c．もうすぐ来ます。
   　　d．まだわかりません。

   (2) 質問：一番後ろの席の人はどんな人ですか。
   　　A：あの一番後ろの席の人、あまり他の人と話をしないし、こわそうだね。
   　　B：でも、きのう、辞書を忘れて困っていたら貸してくれたりして、やさしい人だよ。
   　　A：そうなの？
   　　質問：一番後ろの席の人はどんな人ですか。
   　　a．よく話をする人。
   　　b．恐い人。
   　　c．よく忘れ物をする人。
   　　d．やさしい人。

   (3) 質問：どうして授業に行きませんか。
   　　A：あれ、授業に行かないんですか。

B：きょうは、先生が風邪を引いたために授業が休みになったんです。
　　　A：そうなんですか。最近風邪を引いている人が多いですね。
　　　B：来週から、もっと寒くなるそうですよ。風邪を引かないように気をつけないといけませんね。
　　　質問：どうして授業に行きませんか。
　　　a．先生が休んだから。
　　　b．風邪を引いている人が多いから。
　　　c．寒くて行きたくないから。
　　　d．風邪を引いたから。
（4）質問：誰がこれからＣＤを聴きますか。
　　　女：あれ？そのＣＤどうしたの？
　　　男：陳さんから借りたんだけど。
　　　女：え、私に貸してくれるって言ってたのに…。
　　　男：そうなの？じゃあ、先にどうぞ。
　　　質問：誰がこれからＣＤを聴きますか。
　　　a．男の人。
　　　b．陳さん。
　　　c．女の人。
　　　d．わかりません。

2. 話を聞いて、関連のある絵を選んでください。
　（1）A：日曜日、使う予定がなかったら、貸してもらえませんか。
　　　　B：ああ、いいですよ。
　（2）A：欲しかったら、あげますよ。私はもう読まないので。
　　　　B：いいんですか。
　（3）A：今年ももらえたらいいな。でも、もう大学生だからもらえないかな。
　　　　B：就職するまでもらえるんじゃないですか。
　（4）A：嫌いだったら他のものに変えましょう。
　　　　B：大丈夫です。

第23課　弁論大会

译文

会话1　演讲比赛的海报

（周二的通选课——"中国历史"课之后）

李　：今天的课真难啊！

山田：嗯。

李　：山田你真棒！吴老师那么难的问题，你都能答得那么好。

山田：不，答得一点儿也不好！不过，幸亏星期天晚上预习了。

李　：你真行！我要是周末也预习了就好了。

山田：下次努力就行了。

李　：是啊，下次我一定努力！

（出了教室，李东回头看）

李　：哎，山田，教室的门开着呢，要不要关上？

山田：开着吧！可能还有人要出来。

李　：也是啊，灯还开着呢！

（从布告栏前走过）

山田：呦，又贴了一张新海报！什么内容……？

李　：演讲比赛。上面写着"学日语的各位同学，不来参加演讲比赛吗"。还写着比赛是9月份，将邀请第一名去日本，真不错！

山田：咦？可是这个比赛应该只有三年级以上的同学才能参加啊。啊！今年二年级的学生也能参加。

李　：嗯。我想检验一下到目前为止的学习成果。山田，你觉得演讲比赛的第一名和彩票哪个中奖率更高呢？

山田：那当然是演讲比赛了。

李　：是吧。

山田：而且，你的想法也挺独特的，日语又好……。

李　：没那么好，但是我想挑战一下。

会话 2　决定参加演讲比赛

（李东和山田说话的时候，高桥正好路过）

高桥　　：李东、山田！看什么呢？

李　　　：啊，高桥！这个，看这个海报呢。

高桥　　：啊，演讲比赛啊！咦？从今年起二年级学生也能参加了啊。

李　　　：是的，比赛在9月份举行，我决定参加这次比赛了。

高桥　　：太棒了！不过，为什么呢？

李　　　：因为第一名可以去日本。我要是得第一的话就去秋叶原，看一看游戏软件和电脑的新产品，对今后开发软件会有所启发。

高桥　　：啊，因为你的专业是计算机。

李　　　：是的。而且山田说拿第一名的几率比彩票高，我就想努力试一试。

山田　　：李东参赛的话，说不定会得第一名，你不觉得吗，高桥？

高桥　　：是啊，李东，加油！

李　　　：好的。对了，讲什么内容啊？

高桥　　：是啊，讲什么内容很重要。

李　　　：主要讲最近的话题怎么样？

高桥　　：挺好的，从不同于其他人的角度来谈可能会比较有意思……。

李　　　：顺便问一下，最近的话题是什么？

高桥、山田：啊？

课文　地震：李东发言的参考资料

＜新疆大地震＞

地震日期：2003年2月24日　　　　　震中：中国西北地区、新疆

震级：6.8级　　　　　　　　　　　　死亡人数：正在调查（目前266人）

重伤人数：正在调查（目前750人）　　倒塌房屋：正在调查（目前5000户）

从当地发来的报告：

　　本次地震是自新中国建立以来，仅次于1976年唐山地震的受灾严重的地震。倒塌建筑当中有学校，孩子们的安全令人担心。另外，受灾地区非常寒冷，为灾区人民提供防寒用具迫在眉睫。

　　蓄水设备也受到严重损坏，确保当地的饮用水也十分必要。

＜阪神、淡路大地震＞

地震日期：1995 年 1 月 17 日　　　　震中：日本、淡路岛

震级：7.2 级　　　　　　　　　　　　死亡人数：6,433 人

重伤人数：43,792 人　　　　　　　　倒塌房屋：274,181 户

从当地发来的报告：

　　本次地震是近期城市地震中非常有名的一次。在这一地区一个人生活的老人较多，本次地震死亡者的半数以上都是60岁以上的老人。在日本，人们受到这样的训练，地震的时候先关上火，然后藏到桌子底下。但在本次地震当中，由于晃动剧烈，难以按自身的意志行动，因此不仅是老年人，很多人都无法避难。为了防止倒下的家具或掉下来的东西砸到身体，有必要事先把家具固定好。此外，各处的市、町、村都有指定的避难地点，但在阪神、淡路地震中，能够进入被指定为应急避难地点的学校等处避难的人仅为受灾人数的12%。人们吸取此次的教训，为了防备地震，各个家庭都预先买好饮用水和食品，这样才能放心。

教学难点

会话1

　　でも、この大会って、3年生以上じゃないと出られないと思いますけど……

　　这句话是山田在说自己以前掌握的信息，表示"我怎么记得这个比赛只有3年级以上的同学才能参加啊……"这个意思。

教学建议

　　「Ｖてある」「Ｖておく」是初级语法中的难点之一，在语法教学中把语法点放到情境之中，能够更好地帮助学生理解、记忆，因此最好不要把句子割裂开来。

练习答案

I. 文字、词汇、语法

1. (1) していせき　　(2) そな　　(3) まも　　(4) さんこう
   (5) せいか　　　　(6) しせつ　　(7) ていきょう　(8) いし
   (9) ため　　　　　(10) きょうくん

第23課　弁論大会

2. (1) 優勝　　(2) 発想　　(3) 決意　　(4) 犠牲　　(5) 隠　　(6) 学
   (7) 切り口　(8) 製品　　(9) 現地　(10) 規模

3. (1) d　(2) b　(3) d　(4) c　(5) c　(6) d　(7) b　(8) a　(9) a　(10) b

4. (1) 消して　(2) 消えて　(3) 始め　　(4) 始まった　(5) 集まっ
   (6) 集める　(7) かかっ　(8) かける　(9) 入れる　(10) 入っ

5. (1) c　(2) d　(3) d　(4) d　(5) a　(6) a　(7) d　(8) a
   (9) b　(10) d　(11) c　(12) a

6. (1) を　(2) が　(3) を　(4) が（は）　(5) に　(6) に
   (7) での　(8) で　(9) から　(10) が

7. 例
   (1) ダンボールを用意して、荷物を片づけておきます。
   (2) 案内状を書いておきます／会場の掃除をしておきます／お茶、ジュースなど飲み物を買っておきます。
   (3) テーマを考えて、資料を調べて、メモを書いておきます／発表するときに使う絵やグラフなどを準備して、人数分コピーしておきます。
   (4) 黒板に「歓迎京華大学訪日団」と書いてあります。テーブルの上に花が飾ってあります。果物やお菓子が並べてあります。
   (5) 来年、日本へ留学することになりました／来週からマクドナルドでアルバイトすることになりました。
   (6) スピーチコンテストを行うことになりました／来月、日本映画鑑賞会を行うことになっています。
   (7) 食べ過ぎないようにしています／週に2、3回運動するようにしています。
   (8) もっと勉強しておけばよかった／この小さい辞書を買わなければよかった。

8. (1) 来週、新入生歓迎会を行うことになりました。
   (2) わたしは週に2回プールに行っています。
   (3) 試験の前に、もう一度教科書を読むつもりだ。
   (4) この机はそこに置いておいてください。あとでわたしが運びますから。

(5) 最後の部分を書かなければよかった。
(6) 壁に掛けてある写真は去年熱海で撮ったものです。
(7) アンケート調査の結果をもとにして、レポートを書きました。
(8) 北京をはじめ、大都市の交通は混雑している。
(9) この地域はひとり暮らしの高齢者が多く、お祭りの参加者の大多数は60歳以上の高齢者だ。
(10) インドは中国に次いで人口の多い国である。

Ⅱ．听力

1. (1) c　(2) d　(3) b　(4) c

2. (1) c　(2) a

3. 解答

木曜日（今日）	d
金曜日	e
土曜日	c
日曜日	f
月曜日	a

Ⅲ．阅读

(1) d　(2) c

听力练习文字资料

1. テープを聞いて、例のように正しい答えを1つ選んでください。

例　質問：どこを旅しましたか。

A：どこへ行って来たんですか。

B：アジアをはじめ、ヨーロッパやアフリカの合計50カ国をまわって来ました。

A：すごい！

B：この旅で体験したことをもとにして、本を書こうと思います。

質問：どこを旅しましたか。
a. 世界中を旅しました。
b. アジアへは行かずにヨーロッパやアフリカへ行きました。
c. アジア、アフリカ、ヨーロッパ以外の国々へ行きました。
d. アジアとアフリカとヨーロッパの国々へ行きました。

(1) 質問：小説を借りることが出来ますか。
　　A：この小説、おもしろかったですよ。作者の子供時代の体験をもとにしたストーリーなんです。
　　B：じゃあ、次はそれを読むことにします。貸してもらえますか。
　　A：すみません、先に山下さんに貸すことになっているんです。だからその次でいいですか。
　　B：ええ、お願いします。
　　質問：小説を借りることが出来ますか。
　　a. 借りられません。
　　b. 山下さんから借ります。
　　c. 山下さんの後に借ります。
　　d. 借りません。

(2) 質問：このレストランに行くとき、予約は必要ですか。
　　A：『桜』っていうレストラン、最近人気があるそうですね。もう行きました？
　　B：ええ、行きましたよ。味もよかったし、値段もそんなに高くなくて、よかったですよ。
　　A：じゃあ、今週末、友達と行ってみようかな。
　　B：それなら、予約しておくといいですよ。予約しないと、お店の前で30分以上待つことになりますよ。
　　質問：このレストランに行くとき、予約は必要ですか。
　　a. しないほうがいいです。
　　b. しなければなりません。
　　c. しなくていいです。
　　d. したほうがいいです。

(3) 質問：先月日本に来たとき、連絡しましたか。
　　A：先月、日本に来ていたんですね。連絡してくれればよかったのに。
　　B：すみません。スケジュールが忙しくて、お目にかかる時間がなかったので。

　　　　A：今度来たときは、ぜひ、連絡してくださいね。
　　　　B：わかりました。
　　　　A：楽しみにしていますよ。
　　　　質問：先月日本に来たとき、連絡しましたか。
　　　　a．連絡しましたが時間が空いていませんでした。
　　　　b．連絡しませんでした。
　　　　c．連絡したくありませんでした。
　　　　d．連絡してはいけませんでした。
　　（4）質問：どうして先に帰ったのですか。
　　　　A：きょうの会議は長かったですね。
　　　　B：ええ。あっ、もうこんな時間！
　　　　A：何かあるんですか。
　　　　B：今週からピアノのレッスンに行くことにしたんです。
　　　　A：そうなんですか。いいですね。
　　　　B：バスじゃもう間に合わないかも。地下鉄で行きます。お先に失礼します。
　　　　質問：どうして先に帰ったのですか。
　　　　a．一緒に帰りたくないから。
　　　　b．バスが来ないから。
　　　　c．ピアノのレッスンに行くから。
　　　　d．会議があったから。

2. 会話を聞いて、質問の答えを4つの絵の中から選んでください。
　　（1）A：最後に教室を出る人は、黒板の字を消して、電気を消しておいてください。
　　　　B：先生、黒板に貼ってある地図はどうしたらいいですか。
　　　　A：貼っておいていいです。
　　（2）A：お母さん、きょう、何人来るの？
　　　　B：全部で6人。
　　　　A：料理多すぎない？
　　　　B：足りないよりいいでしょ。
　　　　A：このケーキもお母さんが作ったの？
　　　　B：そうよ。あ、ワインも買っておけばよかった。

第23課　弁論大会

　　A：ジュースでいいよ。ねえ、それより、この花、すてき！買ってきたの？
　　B：それ、うちの庭に咲いてた花よ。
3. 会話を聞いて、例にならって、《山田さんの予定表》を完成させてください。
　　A：山田さん、花子さんが事故で怪我をしたって聞いたんですけど、知ってますか。
　　B：ええ、2週間くらい学校を休んでいるらしいですよ。
　　A：心配ですね。いっしょにお見舞いに行きませんか。
　　B：ええ、いつにしましょうか。
　　A：あしたの午後はどうですか。
　　B：あしたは先生に論文を見ていただくことになっているので。
　　A：そうですか。週末の予定は？
　　B：土曜日は友達と映画に行くことになっていて。日曜日は大丈夫です。
　　A：日曜日は、私バイトがあるんです。来週の月曜日は？
　　B：大丈夫ですよ。じゃ、月曜日に行くことにしましょう。
　　A：ところで、お見舞いに何を持って行きましょうか。
　　B：雑誌なんてどうですか。
　　A：いいですね。
　　B：じゃあ、日曜日に買っておきますよ。
　　A：お願いします。

第24課　留学試験の面接

译文

会话1　面试

（京华大学和东西大学之间有互换留学生的制度。王宇翔参加选拔互换留学生的面试。面试老师是胡老师和作为互换研究员来到京华大学的田岛老师）

田岛老师：王宇翔你为什么想作为互换留学生去留学呢？

王　　　：我希望将来从事与中日文化交流有关的工作。嗯，也算是为了这个，现在想一定亲眼看看日本，所以报了名。

田岛　　：是吗。你有没有什么特别感兴趣的事？

王　　　：有。其中一个是日本的大众文化。从上比较文化课开始，我就对诸如"日本的大众文化是由什么样的人创造的"等问题感兴趣。另外，我还想知道同龄的日本年轻人实际上是如何看待"现代"这一时代的，他们感受到了什么。

胡老师　：和京华大学有互换留学生制度的姊妹校有好几个，你为什么选择了东西大学？

王　　　：嗯，我问了熟人，也做了一些调查，得知京华大学比其他大学更注重跨文化交流。还听说开有日本学生和留学生交换意见的课。因此我很想了解中国是被如何介绍的，日本学生是如何看待中国的。

胡　　　：哦，是这样啊！

王　　　：除此之外，嗯，听说东西大学还为对比较文化感兴趣的学生开设了专门的讨论课程。我认为不仅是日本和中国之间，如果能和各个国家的同学交换意见，视野将会更加开阔。所以我选择了东西大学。

（提问在继续）

会话2　面试之后

高桥：王宇翔昨天的面试怎么样啊？
李　：好像不是很顺利。
高桥：是吗。那我过会儿打电话问问。

第24课　留学試験の面接

高桥：喂，我是高桥，是王宇翔吗？

王　：啊，高桥！

高桥：我想问问你昨天的面试怎么样了……

王　：嗯，哎，虽然准备了，但……

高桥：然后呢？

王　：轮到我的时候，一听到叫自己的名字，就特别紧张。前一天晚上隔壁的人很吵，也没睡好……

高桥：面试的时候谁都会紧张的。

王　：是吗？但老师问了很多问题，我努力地回答，不知老师们是不是听懂了，我没有把握。

高桥：肯定没问题。

王　：可是敬语我也用不好……

高桥：都说敬语就连日本人也觉得很难，所以你不用那么担心。

王　：是吗？

高桥：打起精神来！后天的互学，请多帮忙！

王　：也请你多帮忙。谢谢你给我打电话！

高桥：那后天见！

课文　英特网上的布告栏：你认为敬语在被正确地使用吗

最近在报纸上常有关于日本年轻人能否正确使用敬语的讨论。有关敬语的用法，大家有什么看法，我们期待着您的意见。

东西大学语言信息学系三年级　田中讨论班

我负责新职员面试已有15年了，不能正确使用敬语的年轻人正在逐年增多。即便在面试开始和结束时的寒暄语部分能够很正确地使用敬语，也有时在中间会突然变成年轻人的用语。各位青年朋友，不要死记硬背就业指南上写的东西，还是实际掌握基本的敬语吧。

公司职员（56岁）

我从上个月开始在快餐厅打工，由于用错了敬语，经常被店长提醒。昨天也是，我对顾客说了"あちらでお待ちしてください"（请您在那边恭候吧），之后受到了批评。我想多留心一点把敬语说得更正确一些，但我不喜欢没完没了地被人提醒"敬语、敬语"。我觉得说话的时候能否替顾客着想比正确地使用敬语更重要。

自由职业者（24岁）

我学日语快4年了，如果有人问我学日语什么最难，我会回答"是敬语"。在头脑中能够理解，但就是用不好。在实际使用中，有时把尊他语和自谦语说反了，令对方很吃惊。如果日语里没有敬语的话，那我学起来或许会轻松很多。但还是有敬语的好。根据对方是老师还是朋友，会选择使用不同的词，我觉得这是很有意思的地方。

东西大学互换留学生W.X.（21岁）

教学难点

会话1

　　王：……応募しました。あ、応募いたしました。

　　王：……と思っています。あの、と思っております。

　　这两句话，是王宇翔由于紧张，同时由于敬语掌握得不是很好，说完之后意识到表达不是很准确，而对自己语言进行的修正。在面试这种场合，修正后的说法更加得体。

教学建议

　　1. 可以根据课文的内容，组织学生开展关于敬语的讨论，加深对敬语的理解。

　　2. 另外，对于同一个现象，每个人可能有不同的看法，信息差与观点的差异能够使交流具有真实意义，因此，在教学中可以利用或者制造信息差、观点差，使教学活动更加接近实际生活。

练习答案

I. 文字、词汇、语法

1. (1) ねんだい、とし　　　　　(2) ちじん、しる
   (3) きょうりょく、ちから　　(4) かいこう、ひらく
   (5) きょうかい、おしえる　　(6) けんちく、たてる

第24課　留学試験の面接

　　(7) とうかい、こわす　　　　(8) ねんし、はじめる
　　(9) しんたい、み　　　　　　(10) てんちょう、みせ

2. (1) 緊張　(2) 応募　(3) 順番　(4) 面接　(5) 担当　(6) 広げる
　　(7) 騒　(8) 増　(9) 間違　(10) 正

3. (1) a　(2) b　(3) a　(4) d　(5) c　(6) b　(7) c　(8) c　(9) a　(10) c

4. (1) に　(2) を　(3) を　(4) は　(5) に　(6) が　(7) に　(8) で
　　(9) に　(10) か、か

5. (1) 夜中に友だちに電話をかけられて、迷惑でした。
　　(2) わたしはへんなことを言って、みんなに笑われました。
　　(3) 大事な花瓶を壊してしまって母にしかられました。
　　(4) 佐藤さんは先生に名前を間違えられました。
　　(5) 鍵をかけなかったので、泥棒に入られました。
　　(6) もう1週間も雨に降られて、海に行けません。
　　(7) 妹に残しておいたケーキをだれかに食べられてしまった。
　　(8) 友達に日記を読まれて、はずかしい。
　　(9) わたしはひどいことを言って、友達に怒られました。
　　(10) この雑誌は大勢の人に読まれています。

6. (1) 今朝、7時に母に起されました。
　　(2) バスの中で女の人に靴を踏まれました。
　　(3) 兄にケーキを食べられました。
　　(4) 大学祭は毎年9月に行われます。
　　(5) お風呂に入っているとき、友達に来られて、ちょっと困りました。
　　(6) わたしは李さんを誘いました（わたしは李さんに誘われました）。
　　(7) きのうテレビで大学祭のニュースが放送されました。
　　(8) わたしは蚊に顔を刺されました。
　　(9) あの人はいつもレストランで食事をしている。きっと独身でしょう。
　　(10) 3年前に一度日本へ行ったことがあります。

7. 例
    (1) 人生で一番自由な時間
    (2) ときどき早起きをする／ときどき早く起きる
    (3) 朝ごはんを食べ
    (4) 風邪を引いた
    (5) 北京には日本語教室が20数箇所ある
    (6) 日本文化に興味を持ち、大学の日本語学部に入学した
    (7) 徳川家康はどんな人だったのか
    (8) あの二人のことはみんな知っているの
    (9) 文化や国によって違う
    (10) 収入、仕事の内容

8. (1) 先生にいろいろ質問されましたが、あがってしまって、何を話したかぜんぜん覚えていません。
    (2) 若者はどのように京劇を受け止めているのか知りたいです。
    (3) 将来、教育に関係のある仕事をしたいです。
    (4) アルバイトのとき、尊敬語と謙譲語を逆に言ってしまって、変な顔をされました。
    (5) 中華料理でもっともおいしい料理は何かと聞かれたら、北京ダックと答えます。
    (6) 日本人でもよく敬語を間違えるようです。
    (7) 私はたいてい学食で食事をしますが、ときどき自分で作ることもあります。
    (8) 母に何回も注意されましたが、やっぱり鍵を忘れてしまいました。
    (9) 毎晩隣の人に遅くまで騒がれて、ゆっくり休むことができない。
    (10) 去年、父は東京大学に招かれて、日本に行きました。

II. 听力
1. (1) b (2) b (3) d (4) b

2. (1) 原因・理由（ a ）　結果（ k ）
    (2) 原因・理由（ g ）　結果（ b ）
    (3) 原因・理由（ f ）　結果（ h ）
    (4) 原因・理由（ d ）　結果（ i ）

3. (1) c、g (2) b、a (3) e、f (4) d、i (5) g、h

Ⅲ．阅读
問題1 （ア）d （イ）a

問題2　A

听力练习文字资料
1. テープを聞いて、例のように正しい答えを1つ選んでください。
    例　質問：隅田川の花火大会へ行ったことがありますか。
        A：日本では毎年夏になるといろいろな場所で花火大会が開かれるんですよ。
        B：東京の隅田川っていうところで行われる花火大会が特に有名ですね。
        A：その隅田川の花火大会へ行かれたことがありますか。
        B：いいえ、テレビで放送されるのでそれを見ます。会場は人が多すぎて、疲れますから。
        質問：隅田川の花火大会へ行ったことがありますか。
        a. 毎年行っています。
        b. 行ったことがありません。
        c. 一度行ったことがあります。
        d. ときどき行きます。
    (1) 質問：今度から電話があったらどうしますか。
        A：元気がないですね。
        B：ええ、社長にしかられてしまいました。お客様から電話があったと言うのを忘れてしまって。
        A：そうだったんですか。電話があったら、忘れないようにメモをするといいですよ。
        B：そうですね。今度からそうします。
        質問：今度から電話があったらどうしますか。
        a. すぐに社長に言います。
        b. メモをします。
        c. 社長に電話します。

　　　　d．電話に出ません。
（2）質問：お土産に何を買いますか。
　　　A：お土産に何を買えばいいでしょうか。
　　　B：紹興酒はどうですか。
　　　A：ああ、いいかもしれません。紹興酒は日本でもよく知られていますから。でも、持って帰るのがちょっと重そうですね。
　　　B：じゃ、シルクのスカーフなんかどうですか。女性には喜ばれるんじゃないかと思いますよ。
　　　A：いいですね。軽いし。それにします。
　　　質問：お土産に何を買いますか。
　　　a．紹興酒。
　　　b．シルクのスカーフ。
　　　c．紹興酒とシルクのスカーフ。
　　　d．まだ決めていません。
（3）質問：どうしてもう行くんですか。
　　　A：もう行くんですか。まだ早すぎるんじゃないかと思いますけど。
　　　B：この時間は、道が混むことがありますから。
　　　A：そうですか。じゃ、行ったほうがいいですね。
　　　質問：どうしてもう行くんですか。
　　　a．目的地に早く到着したいから。
　　　b．急いでいるから。
　　　c．早く帰りたいから。
　　　d．道が混むかもしれないから。
（4）質問：新しい校舎は誰が使いますか。
　　　A：大学院生の寮の近くに新しい校舎が建てられるらしいですよ。
　　　B：そうなんですか。
　　　A：新しい校舎ができたら私たちも使えるのかな。
　　　B：どうでしょうか。
　　　質問：新しい校舎は誰が使いますか。
　　　a．私たちが使います。
　　　b．まだわかりません。
　　　c．大学院の学生が使います。
　　　d．新入生が使います。

第24課　留学試験の面接

2. テープを聞いて、例に倣って、原因・理由と結果を選んでください。
   例　ボールを当てられて怪我をしてしまいました。
   (1) 雨に降られて風邪を引いてしまいました。
   (2) うるさい音楽を聴かされて耳が痛くなりました。
   (3) 隣でタバコを吸われて気分が悪くなりました。
   (4) 上司にたくさん仕事を頼まれて、帰れなくなりました。

3. テープの内容に合うように括弧にa～iを選んで入れなさい。
   (1) 高橋さんに自転車の鍵をなくされて困っています。
   (2) 山田さんは陳さんの誕生日パーティーに招待されてうれしそうです。
   (3) 李さんは趙さんに日記を読まれて怒っています。
   (4) 渡辺さんは姜さんに電話番号を聞かれたので教えました。
   (5) バスの中で足を踏まれてとても痛かったです。

第3単元の練習（第22～24課）

练习答案

1. (1) たから (2) しきん (3) きまつ (4) けいさい
   (5) にちじょう (6) せいしん (7) こしょう (8) うご
   (9) い (10) じっし

2. (1) 大金 (2) 提出 (3) 優先 (4) 対象 (5) 掲示板 (6) 反対
   (7) 目的 (8) 期限 (9) 生 (10) 眠

3. (1) d (2) b (3) b (4) c (5) d (6) b (7) c (8) b (9) a (10) d

4. (1) c (2) c (3) a (4) b (5) c

5. (1) b (2) d (3) a (4) c (5) b

6. (1) d (2) d (3) d (4) b (5) a (6) d (7) a
   (8) d (9) a (10) d (11) b (12) b (13) d (14) b
   (15) d (16) c (17) d (18) c (19) c (20) c

7. (1) その料理、おいしそうですね。食べてみたいです。
   (2) わたしは手紙を書くとき、涙が出ました。
   (3) 今晩、友達が来るので、ビールを買っておきましょう。
   (4) 来週、パーティーをしたい。
   (5) どうぞ心配しないでください。

8. (1) 調査の結果をもとに、さっそく報告書を作成することにいたします。
   (2) 別れって、本当につらいね。
   (3) あの人は夜はいつも家にいると言っていた。ところが、訪ねてみたら留守だった。

(4) 日本語能力試験に合格するために、毎日4時間しか寝ません。
(5) 私自身でソフトを開発する小さな会社を見つけて、そこに就職することにしたんです。
(6) 日本の有名なバンドや歌手が北京でコンサートを開くことになった。
(7) 劉さんは忙しくて、ときどき食事を忘れてしまうことさえもある。
(8) 会議の資料はもうコピーしてあります。
(9) お正月には、おぞうにをはじめ、いろいろなごちそうを食べます。
(10) 後ろの席の人にも聞こえるように大きい声で話したので、のどが痛い。

第 25 課　ゴールデン・ウィーク

译文

会话 1　高桥临时回国

（在校园）

陈老师：高桥！

高桥　：啊，陈老师，您好！

陈　　：去上课吗？

高桥　：不，去代理店，去取机票。

陈　　：去旅行吗？

高桥　：不是，我姐姐结婚，我要临时回国一趟。

陈　　：是吗，那祝贺你姐姐！

高桥　：谢谢！其实马上就要考试了，我本想在这儿学习来着。

陈　　：不过你姐姐的婚礼，还是应该回去的……。

高桥　：好的。

陈　　：正好是黄金周，机票不好订吧？

高桥　：嗯，我也是1个月前就预订了，昨天好不容易订上了。

陈　　：每年这个时候机票都是越早订越好。

高桥　：是啊！

陈　　：回来后一定给我们看看你的照片。

高桥　：好的！

陈　　：那你路上小心！

高桥　：谢谢您！

陈　　：赫映公主，回了日本，一定要回来哟！

高桥　：一定！

会话 2　日本的黄金周

（高桥从日本回来后）

王　　：高桥，你回来了！你姐姐的婚礼怎么样？

高桥：很不错！

王　：是吗，那太好了！在什么地方举行的？

高桥：在饭店。可正赶上黄金周，婚礼很多，挺乱的。

王　：是吗？你姐姐很漂亮吧。

高桥：嗯，很漂亮。姐姐看上去很高兴，但爸爸妈妈时不时地边擦眼泪边听贺词。

王　：他们二人肯定觉得很寂寞吧。

高桥：嗯。所以婚礼之后，他们说我回来了又变得热闹了，真好。我跟他们说了北京的生活，他们好像挺放心的。

王　：是吗？

高桥：我还跟他们讲了你的事。爸爸妈妈让我向你问好。

王　：谢谢。你父母来北京已经是半年前的事了。

高桥：是啊，那时候，我刚来北京，还不太懂中文……。

王　：啊，对了，顺便问一下，我的事，是什么事？

高桥：啊？

课文 "U turn（从大城市回家乡）就业：向学生处咨询"

东西大学报

四年级同学找工作的时期即将来临，我们就今年四年级学生找工作的情况采访了学生处的山冈老师。

◆ 今年四年级学生的就业情况如何？ ◆

山冈：各公司的招聘会刚刚开始。今年四年级的学生中有70%希望就业，目前正在走访公司、收集就业前沿的信息等。

◆ 什么样的工作最受欢迎？ ◆

山冈：近几年，独具特色的不是职业的种类，而是就业地区。以前，希望在首都圈内就业的来自地方的学生较多，现在，希望回自己的家乡就业，也就是所谓的 U turn 就业的学生正在增加。

◆ 选择 U turn 就业的理由有哪些？ ◆

山冈：大致说来有两类，一类是想回自己的家乡，另一类是认为在地方生活有优势。举例来说，前者有"喜欢家乡"、"想为家乡做贡献"、"有父母在"等个人对家乡的感情；后者有"经济方面比较宽裕"、"能够悠闲地生活"、"厌恶大城市"等想法。对于刚来到首都的一年级学生来说，大城市的生活是充满

新鲜感的，但逐渐习惯之后，反而会怀念宽松悠闲的生活，于是就开始考虑回乡就业了。

最近，由于互联网的普及，即便住在地方也能获得和首都圈相同质量和数量的信息，不会落后于时代。U turn 就业将对搞活家乡的经济做出贡献。

四年级的各位同学，好好找工作吧！

（东西大学报编辑部）

教学难点

会话1

航空券を取る

很多动词有许多引申意思，比如本课出现的"取る"，日语能力考试的词汇考查经常以一词多义的词为考察重点，要注意学习这些词的用法。

教学建议

练习册中的作文练习没有只给出作文题目，而是提供一些写作的素材或练习的步骤，希望能够提高练习的效果。教师可以利用这些素材，开展相关的课堂教学活动，最后要求学生写出作文来。本课写作练习是让学生模仿课文的采访，设计采访主题，相互回答问题，最后可以让学生归纳采访结果。

练习答案

I. 文字、词汇、语法

1. (1) にゅうしゅ　　(2) かっせいか　　(3) しんせん
   (4) さいにんしき　(5) く　　　　　　(6) こうけん
   (7) きぼう　　　　(8) しゅうしょく　(9) とくちょう
   (10) しゅっしんこう

2. (1) 都会　　　　　(2) 占、割合　　　(3) 編集　　　　(4) 物価
   (5) 発売、予定　　(6) 電気製品　　　(7) 航空会社　　(8) 雰囲気
   (9) 予約　　　　　(10) 一時

第25課　ゴールデン・ウィーク

3. (1) c　(2) c　(3) a　(4) b　(5) a　(6) b　(7) b　(8) a　(9) b　(10) d

4. (1) b　(2) b　(3) b　(4) d　(5) a　(6) c　(7) a　(8) a　(9) b　(10) b

5. (1) d　(2) a　(3) c　(4) a　(5) c　(6) c

6. (1) 日本へ来たばかりで、まだよくわかりません。
　 (2) 彼は合格してうれしそうだ。
　 (3) もう12時ですから、食堂へ行かなくちゃ。(行かなくてはならない。行くつもりです。)
　 (4) うるさいから、静かにしてください。
　 (5) A：日本へ行きますか(行くのですか)。
　　　 B：はい。そのつもりです。

7. (1) 誕生日にもらった万年筆は書きやすい。
　 (2) 北へ行けば行くほど、サクラの咲く時期がおそくなります。
　 (3) お礼の手紙を出すのは早ければ早いほどいい。
　 (4) 野球の試合は今ちょうど終わったところです。
　 (5) A：木村さん、お先に失礼します。
　　　 B：わたしも帰るところです。ごいっしょしましょう。
　 (6) ずっと前に友だちに貸した本を、やっと返してもらった。
　 (7) ゆうべは飲みすぎたようだ。どうやって家までたどり着いたのか、まったく覚えていない。
　 (8) インターネットの普及により、地方に住んでいても首都圏と同じ質と量の情報が入手でき、時代に遅れることはない。
　 (9) コンピュータによって大量の文書管理が可能になった。
　 (10) 上京したばかりの1年生には都会の生活は新鮮に感じるかもしれません。しかしだんだん慣れてくると、かえってゆったりした生活を懐かしく思うようになり、出身地へのUターン就職を考え始めるのかもしれません。

II．听力

1. (1) d　(2) c　(3) b　(4) d

2. (1) a (2) b、a

3. (1) U (2) M (3) M (4) D (5) U

Ⅲ．阅读

(1) d (2) c

听力练习文字资料

1. テープを聞いて、例のように正しい答えを1つ選んでください。

    例　質問：どちらのお土産をもらいましたか。

    　　A：お土産です。どちらでも好きなほうを差し上げます。

    　　B：どちらもすてきですね。こっちのはデザインがすてきだし、こっちのは好きな色だし。

    　　A：両方とも気に入ったようですね。じゃあ、2つともどうぞ。

    　　B：えっ、いいんですか。

    　　質問：どちらのお土産をもらいましたか。

    　　a．どちらか選べないので、もらいませんでした。

    　　b．両方もらいました。

    　　c．デザインが好きなほうをもらいました。

    　　d．色が好きなほうをもらいました。

    (1) 質問：このワインを買った理由は何ですか。

    　　A：ワインにあまり詳しくないんですけど。どれを買ったらいいかしら。

    　　B：このワインは甘くて飲みやすいですよ。

    　　A：そう、じゃ、これにします。

    　　B：はい、ありがとうございます。

    　　質問：このワインを買った理由は何ですか。

    　　a．値段がやすいから。

    　　b．このワインが好きだから。

    　　c．ワインに詳しくなりたいから。

    　　d．お店の人に勧められたから。

    (2) 質問：この人は今から何をしますか。

    　　A：あれ、どこか行くんですか。

第25課　ゴールデン・ウィーク

　　B：電気屋に行くところなんです。この電子辞書、さっき買ったばかりなのにもう壊れたようなんです。
　　A：えー、そうなんですか。ちょっと見せてください。
　　B：電源ボタンを押しても画面に何も現れないんです。
　　A：あ、これ、電池の入れ方が逆ですよ。
　　B：えっ。
　　質問：この人は今から何をしますか。
　　a. 電子辞書を買いに電気屋に行きます。
　　b. 電子辞書が壊れたので電気屋に持って行きます。
　　c. 電子辞書は壊れていなかったので、電気屋には行きません。
　　d. 電子辞書を返しに電気屋へ行きます。

(3) 質問：料理の話は難しかったですか。
　　A：この間、留学生の渡辺さんに日本の料理についていろいろ教えてもらったんです。
　　B：そうですか。でも、野菜の名前や料理の名前はわかりにくかったでしょう。
　　A：いいえ、説明しながら一緒に写真も見せてくれたのでとてもわかりやすかったですよ。
　　質問：料理の話は難しかったですか。
　　a. はい、野菜の名前や料理の名前はよくわかりませんでした。
　　b. いいえ、写真を見ながら話を聞いたので、よくわかりました。
　　c. はい、知らない言葉が多くてわかりにくかったです。
　　d. いいえ、一緒に食べながら話を聞いたのでわかりやすかったです。

(4) 質問：今から何をしますか。
　　A：あっ！お父さんの大切にしてるお皿、割っちゃった！
　　B：謝るのは早ければ早いほどいいと思うよ。
　　A：うん。
　　B：お父さんは2階にいるよ。
　　質問：今から何をしますか。
　　a. 走って速くその場所から離れます。
　　b. 急いで新しいお皿を買いに行きます。
　　c. 早くお皿を片付けます。
　　d. すぐ謝りに行きます。

2. テープを聞いて、会話の内容と合う絵を選んでください。
   (1) A：もしもし、今、ちょっといいですか。
       B：すみません、今バスに乗るところなので、後で、こちらからかけます。
       A：わかりました。お願いします。
   (2) 男：もしもし、今何してるの？
       女：まだ、仕事をしているのよ。
       男：そう。お疲れさま。
       女：そっちは？
       男：今、ごはんを食べたところ。
       女：いいな。

3. メリットにはM、デメリットにはD、どちらでもないものにはUを入れてください。
   インターネットの普及により、人々の生活は便利になりました。家にいながら、たくさんの情報を集めたり、他の人とコミュニケーションをとったり、買い物をしたりすることが出来ます。これらは、インターネットを通じて情報を簡単に送ったり、受け取ったりできるようになったことによるメリットです。しかし、逆にデメリットもあります。メールアドレスをはじめ名前や電話番号など様々な個人の情報が他人に知られやすくなったということです。個人の情報が他人に知られると犯罪に使われるかもしれません。ですから、インターネットを使うときは、個人の情報の管理に十分に気をつけるべきではないかと思います。

第26課　ボランティア

译文

会话1　商量

（在日本高桥家。母亲正在看报纸）

父：有什么有意思的消息吗？今天你看报纸可看得够专心的。

母：嗯！我正在看小学和中学志愿者活动的报道，现在的学校可跟美穗和她姐姐那时候大不一样了。

父：志愿者活动就是你正做的那种帮助独居老人的"互助会"什么的吧。是说只是孩子们自己在做吗？

母：不是，不是那么回事，说是为了让孩子们尽早地感受到和社区之间的关联，学校正在动员孩子们参加志愿者活动呢。

父：很好的事情嘛。他姐姐那时候也有吧。

母：我记得那时候虽然没有积极地使用"志愿者"这个词，但好像利用休息日参加过义卖、回收废纸和打扫公园什么的。

父：也让咱们信哉去试试吧。

母：让他做什么？

父：志愿者啊。

母：还是看他本人愿不愿意吧。节假日的时候，我想让他刷刷碗、打扫打扫自己的房间什么的，还有点支使不动他呢。

父：如果他自己愿意就让他去做吧，咱们就这么跟他谈吧。

会话2　志愿者的经历

（高桥的弟弟信哉和高年级的同学在谈话）

学长：高桥，前几天我妹妹说在做志愿者时和你在一起，你也参加志愿者活动了？

信哉：嗯，但应该说是被迫参加的。

学长：那你够可怜的。那，怎么样？你做什么了？

信哉：我负责陪同独居老人去耳鼻喉科看病。

学长：哦？可是，你家里有奶奶，所以应该习惯了和老人相处吧。

信哉：嗯，还行。但我还以为所有事都是我一个人来做呢，所以刚开始的时候特别紧张。但后来还行，挺有意思的。

学长：哦……，"陪同"，要是出了什么事可挺麻烦的。

信哉：嗯，但志愿者是几个人分担工作，所以每个人的负担就比较小。

学长：哦，是吗，我还以为都得一个人干呢。

信哉：不是的。现在像我这样刚开始干的人也都能参加了。

学长：真不错！但一直和老人在一起不觉得没意思吗？

信哉：但可以听他们讲过去的事情，很有意思。因为有很多都是我不知道的。

学长：哦，要不我也去试试。

信哉：嗯，你一定去试试吧。

课文　信哉的志愿者活动汇报（引自活动日志）

活动日期	200X年6月10日
内　　容	陪同去医院（参加"互助会"）

<汇报>

　　9：30　在社区中心（本部）听有关工作的说明（工作人员告诉我山田右耳听不见，必须站在其左侧。）

　10：00　陪同山田。

　11：00　交费后和司机一起把山田送回家。

　11：30　向本部汇报，结束。

<感想>

　　因为和祖母一起生活，所以对老人并不陌生，但开始时以为从接到送都由我一个人负责，所以很紧张。实际上我的工作就是在医院挂号和交费。还有一名志愿者，给我们开车。照顾老人的事大家分担，所以谁都可以参加。后来得知这一工程是一些退了休的人为了发挥他们的工作特长而创办的，我很受感动。

　　在等候叫号的时候，我不知道该和初次见面的人说些什么，在此之前我以为不得不听他们讲一些不太明白的事情，觉得很烦。但实际上说了很多过去的事情和我不知道的事情，挺有意思的。

　　开始我对父母强迫我去做很不满，但实际一做起来还觉得挺有意思的，学到了不少东西。以后再有机会的话，我还想参加。

<评语>

　　收获颇丰的一天。可以看出这次志愿者活动对你来说是一次很好的经历。以后能不能给班里的同学讲一讲？（高崎）

第26課　ボランティア

教学难点

会话1

　　1. お姉ちゃんたち

　　这里指的是信哉的两位姐姐。这是日本人表示亲属关系的称谓方法之一，当话题中谈到的第三者是亲属时，说话人使用表示自己、或某一家人与话题中的亲属之间的关系称谓称呼。例如本课中主要话题是儿子，在涉及女儿时，就是从儿子的角度，称女儿为姐姐。

　　2. 信哉

　　称呼年龄小于自己的家人时，可以不加"さん"，有时还加"ちゃん"表示亲近。

　　3. 本人がしたいと言ったらさせてもいい、そのくらいの気持ちで話してみよう

　　在句子中间位置如果出现形容词词典形，一般起连体修饰的作用。但是，这里的这句话"本人がしたいと言ったらさせてもいい"实际上是"話してみよう"的内容，或者可以理解为是在举例。

会话2

　　这一段是高桥美穗的弟弟信哉与学校高年级学长之间的对话，日本人年龄等级观念比较强，因此，学长使用简体，而信哉使用了敬体。

教学建议

　　可以就志愿者活动问题展开讨论，关心学生情感态度的发展，鼓励学生多参加社会活动。

练习答案

I. 文字、词汇、语法

1. (1) じっかん　　(2) ていねん　　(3) ぶんたん
　　(4) うけつけ　　(5) しょしんしゃ　(6) きゅうじつ
　　(7) ほんにん　　(8) やわ　　　　(9) しえん
　　(10) みぢか

2. (1) 運営　(2) 回収　(3) 存在　(4) 付、添　(5) 感想
   (6) 負担　(7) 働　(8) 終了　(9) 記事　(10) 不満

3. (1) b　(2) c　(3) a　(4) a　(5) d　(6) c　(7) a　(8) a　(9) c　(10) b

4. (1) ③　(2) ②　(3) ①　(4) ④

5. (1) 母親は子供たちに魚を食べさせます。
   (2) 小林さんは田中さんに新しい車を見せてもらいます。
   (3) 先生はテキストを忘れた学生を立たせています。
   (4) 社長は社員に毎日朝から晩まで働かせています。
   (5) ジェーンさんは高橋さんに東京を案内してもらいます。
   (6) お医者さんは山本さんに薬を飲ませます。

6. (1) みどりさんを笑わせました。
   (2) 毎日シンデレラに洗濯させました。
   (3) 私は兄に料理を作らされます。
   (4) 大事なデジカメを壊されてしまいました。
   (5) おじいさんはいつも私にお酒を飲ませます。

7. (1) 食べさせられて　(2) 安心させています　(3) 遊ばせない
   (4) 来させ　(5) やめ（やめられ）、やめさせられた
   (6) 持って行かれて　(7) 泳がせた　(8) 読まれた
   (9) 使わせ　(10) 運ばされ

8. (1) b　(2) a　(3) d　(4) d　(5) c　(6) b　(7) d　(8) b　(9) a　(10) b

9. (1) か、で　(2) と　(3) でも　(4) より、が　(5) ぐらい
   (6) に、の、へ、に（を、の、に、に）　(7) を、へ（に、に）
   (8) ので、も

10. (1) 送らせましょう
    (2) 電話させましょう
    (3) 教えていただきました

（4）留学に行くかどうかはお金
（5）ピアノを習わせられたり、勉強させられたり、掃除させられたりしました
（6）会社を自分の物として大事にさせる／仕事を楽しませる
（7）会話を暗記させた

11.（1）社長は社員に働く時間を自由に決めさせます。
（2）日曜日に友達といっしょに遊びに行こうと思ってましたが、母に家事を手伝わされました。
（3）月曜日から土曜日までずっと仕事をしているんだから、日曜日ぐらい、ゆっくり寝かせてくれよ。
（4）なんだか悪いことが起こるような気がしますから、行かないことにしましょう。
（5）成績がいいか悪いかは、普段の努力次第ですよ。今から勉強しても間に合いません。

II．听力
1.（1）a （2）d （3）a （4）b

2.（1）みんな （2）こども （3）姉 （4）母

III．阅读
（1）（ア）c （イ）a （2）c

听力练习文字资料
1. テープを聞いて、例のように正しい答えを1つ選んでください。
   例　質問：きのうは何をしましたか。
   　　A：きのうはゆっくりできましたか。
   　　B：久しぶりの休日だったので、家で雑誌でも読んで過ごそうと思ったのに、姉に買い物に行かされたんです。
   　　A：そうだったんですか。
   　　質問：きのうは何をしましたか。
   　　a．姉を買いものに行かせました。

b. しかたがなく買い物に行きました。
   c. 喜んで買い物に行きました。
   d. 姉と一緒に買いものに行きました。
(1) 質問：日曜日どこへ行きますか。
   A：日曜日どこか行きませんか。
   B：いいですね。どこへ行きましょうか。
   A：最近、映画を見てないので、映画に行きたいんですが、どうですか。
   B：映画ですか。山登りはどうですか。体を動かすと気持ちがいいですよ。
   A：それもいいですね。じゃあ、天気次第で決めましょう。
   質問：日曜日どこへ行きますか。
   a. まだわかりません。
   b. 映画を見たあと山登りに行きます。
   c. 山登りに行きます。
   d. 映画に行きます。
(2) 質問：中国語が話せますか。
   A：中国語はできますか。
   B：簡単な自己紹介くらいしか出来ません。
   A：では、日本語の話せる人と一緒に仕事をしてもらいます。
   B：助かります。
   質問：中国語が話せますか。
   a. まったく話せません。
   b. 話す人がいません。
   c. 日本語しか話せません。
   d. 少しだけ話せます。
(3) 質問：この本はおもしろかったですか。
   A：この本知ってる？
   B：前に読んだことがあるような気がする。
   A：で、どうだった？
   B：うーん、どうだったかな。よく覚えてないな。
   質問：この本はおもしろかったですか。
   a. 読みましたが、忘れました。
   b. おもしろくなかったです。
   c. 読んでいないので、わかりません。
   d. おもしろかったです。

(4) 質問：お母さんはどんなことを思っていますか。
　　　Ａ：かわいいですね。
　　　Ｂ：かわいいんですけどね。
　　　Ａ：いま、何歳ですか。
　　　Ｂ：まだ2歳です。毎日、服を着せたり、ごはんを食べさせたり、本当に疲れます。早く大きくなって自分のことくらい自分でしてもらいたいですよ。
　　　質問：お母さんはどんなことを思っていますか。
　　　a. 体の大きな子供になってもらいたい。
　　　b. 早く成長してもらいたい。
　　　c. 自分のことを自分でしたい。
　　　d. 子供は可愛くない。

2. 例に倣って、テープの内容と合うように○をつけてください。
　　例　きょうは店長に8時間も働かされたよ。
　(1) 彼の話は本当におかしくてみんな笑わされました。
　(2) お母さんは、子供が塾から帰るのが夜遅くて心配なので、携帯電話をもたせました。
　(3) 姉は弟に宿題の手伝いをさせられました。
　(4) 私に用があるとき、いつも父は母に電話をさせます。

第27課　受　験

译文

会话 1　妈妈打来的电话

（在宿舍房间）

渡边　　　　：喂！
渡边的母亲：喂，美咲！
渡边　　　　：啊，妈妈！
母　　　　　：你好吗？
渡边　　　　：嗯，还行！
母　　　　　：你好长时间没来电话，我有点担心。
渡边　　　　：对不起！最近，功课和打工一直都很忙。
母　　　　　：是这么回事，小学同窗会来通知了，你去不去？写着下个月8号，你回不来吧？
渡边　　　　：嗯，下个月初马上就要考试了，不行吧。
母　　　　　：那我就回复说你去不了。
渡边　　　　：嗯，拜托！哎，我一直想见大家呢，真遗憾！
母　　　　　：顺便问一下，考试准备得怎么样啊？有进展吗？
渡边　　　　：嗯……，最近状态有点不好，睡不好觉……。
母　　　　　：是吗？
渡边　　　　：要是这样下去，恐怕及不了格吧。要是过不了，可怎么办啊？
母　　　　　：你考试之前总是胆小，要振作起来！肯定没问题。你爸爸也在说"加油，别放弃"。
渡边　　　　：我知道了，谢谢！
母　　　　　：但也别太勉强啊。
渡边　　　　：妈妈你也多注意身体，问大家好！

第27课 受 験

会 话 2　鼓励渡边的聚会

（在宿舍房间）

渡边：哎……哎……，我不学了，回日本吧。

高桥：你怎么了？

渡边：不知怎么的，突然觉得难过……。汉语怎么学也提高不了。

高桥：不会的！我觉得你的汉语挺好的。

渡边：我不如你说得好，还差得远呢……

高桥：没有。你比我强多了。昨天的会话课上老师还表扬你说得很自然流利呢。

渡边：可是……

高桥：你呀……

（第二天，在学校）

赵　：高桥，渡边最近情绪不高。是不是因为考试呀？

高桥：是的，好像是。现在正是得加把劲的时候，可……

赵　：考试之前，很辛苦啊。

高桥：嗯，所以我想为了给美咲打气，大家一起去唱个卡拉ＯＫ怎么样呀？

赵　：好啊！要是唱卡拉ＯＫ就去"上海第一馆"吧，心情肯定会变好。

高桥：好的！对了，美咲也一直想去上海第一馆来着。今天晚上赶紧预订吧。

课 文　英特网上的帖子：大学生的烦恼

投稿

　　我今年考上了Ｋ大学，来到了东京。开学已经一个月了，但我还没有习惯大学的学习。我原以为艰苦的考试之后等待我们的是愉快的大学生活，但大学的学习没有那么轻松。高考复习的时候只要用功背下来就差不多了，但现在不是这样。而且身边的人好像都很聪明，我觉得自己有些跟不上了。

——Ａ．Ｎ．

答复

　　Ａ．Ｎ．：

　　我去年这个时候和你有同样的感受，经过反复考虑，决定休学一年。现在回想起来，高考的时候没有认真考虑，就把父母让考的大学当做目标来努力。但如果不是真正感兴趣的东西就很难深入思考，所以我就索性休学，决定一边打工一边寻找自我。虽然现在还没有找到答案，但发现自己从思考问题这一点出发开始对哲学感

兴趣，就转到了哲学专业。现在能学有兴趣的东西觉得很愉快。你也先从认识自我开始怎么样？

——博莱顿

A.N.和博莱顿都在很认真地思考，真了不起。我上一年级的时候也是和A.N.一样地烦恼。但现在十分享受大学生活。学习还算过得去，在社团活动方面（网球）很下功夫。爸爸批评我说"交学费不是为了让你玩的，别再打网球了"，被他这么一说，我就反驳说："在社团里可以学习怎样与人相处"。我有时也会想这样生活下去要是毕不了业该怎么办啊。但又一想反正也在拿学分，现在这样也挺好。A.N.你也应该想一想如何更快乐地度过大学生活吧。

千夏妹妹

教学难点

会话2

そんなことないよ。

日语中一般不直接否定对方的观点，但是，当对方是在夸奖听话人，或者在批评说话人自己时，可以用否定的方式表示客气，"そんなことないよ"意思是"没那么一回事"、"不是那样的"之意。

教学建议

1. 本课的整体内容是渡边在学习中遇到了困难，看上去好像有些消极。实际上学生在学习过程中遇到困难是很正常的事情，回避不是办法，我们应该想方设法正确引导，因此，本教材选择了这个以往的教材都回避的话题，希望教师能够利用这个机会，对学习过程中遇到困难的学生给予有效的帮助。

2. 课文中有两个对投稿的答复，教师可以组织学生就这个问题进行讨论，让学生们谈一谈应该如何解决这个问题，并相互讨论自己所遇到的困难，同时相互帮助，共同进步。

第27課 受験

练习答案

I. 文字、词汇、语法

1. (1) めいれい　　(2) がくひ　　(3) どうそうかい
   (4) ごうかく　　(5) はげ　　(6) へんにゅう
   (7) ちょくぜん　(8) しぜん　　(9) よわき
   (10) とうこう

2. (1) 上達　(2) 欠席　(3) 暗記　(4) 悩　(5) 転換
   (6) 返信　(7) 単位　(8) 休学　(9) 目指　(10) 哲学

3. (1) b　(2) a　(3) a　(4) c　(5) c　(6) d　(7) a　(8) b　(9) c　(10) d

4. (1) いいえ、葡萄の皮を剥かずに食べます。
   (2) いいえ、両親に相談せずに留学を決めました。
   (3) いいえ、どこへも遊びに行かずにずっと家にいます。
   (4) いいえ、冬休みに故郷へ帰らずに旅行に行きました。
   (5) いいえ、大阪は北海道ほど涼しくありません。
   (6) いいえ、日本語は中国語ほど発音が難しくないです。
   (7) いいえ、ジュースはミルクほど栄養がありません。
   (8) いいえ、林さんはスミスさんほど太っていません。

5. (1) もう一度本文を読みなさい。
   (2) 自分のことは自分でしなさい。
   (3) 規則を守れ（守りなさい）。
   (4) ここにごみを捨てるな。
   (5) 来週までに報告書を出しなさい。
   (6) 約束の時間に遅れるな。

6. (1) きました　(2) やる　(3) やっ　(4) きました（きた）
   (5) しまおう　(6) くる　(7) やります　(8) しまいました

7. (1) 読め　　　　　(2) こわ　　　(3) 寝　　　　(4) 吸う
   (5) 複雑ではない　(6) 持っていく　(7) 貼ら　　　(8) 調べた
   (9) 散歩させて　　(10) 習う

8. (1) a (2) b (3) d (4) d (5) c (6) d (7) c (8) b (9) b (10) a

9. 例
 (1) パン屋さんなら、駅前の店がおいしいですよ。
 (2) はい、クラスメートもみんな行きたがっています。
 (3) それなら、今から予約するといいですよ。
 (4) 「立ち入り禁止」とは「ここに入るな」という意味です。
 (5) いいえ、インドは中国ほど人口が多くないです。
 (6) いいえ、ほとんどあたためずに冷たいままで飲みます。
 (7) うそを言うな。学校に遅れるな。怠けるな。
 (8) 自分の頭で考えなさいと先生に注意されます。
 (9) 犬小屋を掃除してやります。
 (10) 学校を辞めてしまおうと考えたことがあります。

10. (1) 劉さんは読書が大好きで、本屋の前を通りかかると入りたがります。
 (2) 急に犬が走って来たので、びっくりしました。
 (3) 「明日のパーティー、どうするの？行く？」
  「行こうかな。どうしようかな。」
  「迷ってないで、行きなさいよ。絶対おもしろいから。」
 (4) 両親と相談した結果、留学をあきらめることにしました。
 (5) この大学を受けるかどうか、まだ決めていませんが、一応資料をもらって来ました。
 (6) 「なんだか今夜は静かね。」
  「そういえば、いつもうるさいカラオケが聞こえないね。」
 (7) 「道路に何の字が書いてありますか。」
  「『止まれ』と書いてあります。」
  「あのマークは何と言う意味ですか。」
  「右へ曲がるなという意味です。」

II. 听力

1. (1) b (2) b (3) c (4) d

2. (1) a、d (2) c、e (3) h、b (4) g、f

3. (1) a (2) e (3) d (4) c (5) b

Ⅲ．阅读
  (1) c (2) c

听力练习文字资料
1. テープを聞いて、例のように正しい答えを1つ選んでください。
  例 質問：朝起きられない理由は何ですか。
    A：最近、暑さのせいで、夜、よく眠れないんです。
    B：それは、大変ね。
    A：それで、朝、起きられなくて。きょうも母親に「早く起きなさい！遅
      刻するわよ！」って言われて、やっと起きたんです。
   質問：朝起きられない理由は何ですか。
   a．夜遅くまで勉強しているから。
   b．暑くて眠れないから。
   c．学校へ行きたくないから。
   d．夜、寝たくないから。
 (1) 質問：なぜ運動場へ行きますか。
   A：あー。疲れた。
   B：勉強で疲れているときは、軽い運動をするといいですよ。
   A：そうなんですか。
   B：ずっと机の前にいると気分も暗くなりますからね。ちょっと机から離
     れて、体を動かすといい気分転換になりますよ。
   A：じゃ、早速、運動場へ行って来ます。
  質問：なぜ運動場へ行きますか。
   a．勉強をしたくないからです。
   b．勉強して疲れているので、気分転換をするためです。
   c．バスケットボールの試合があるからです。
   d．先生が運動場へ行きなさいと言ったからです。
 (2) 質問：残りのケーキはどうしますか。
   A：うわぁ、このケーキ、おいしいですね。
   B：あれ、まだここにもう一人分残りがありますね。

A：ああ、それは、野口さんの分ですよ。

B：野口さんの分ですか？じゃあ、食べてしまおうかな。

A：ええ？

B：大丈夫。野口さん、いつも痩せたいって言っていますから。

質問：残りのケーキはどうしますか。

a. 野口さんが食べてもいいというので食べます。

b. 野口さんはいつもやせたいと言っているので食べてしまいます。

c. 誰も食べる人がいないので、残しておきます。

d. 二人で半分ずつ食べます。

(3) 質問：田中さんはどんな人ですか。

A：この地域の歴史を研究したいんですが、資料を貸していただけませんか。

B：この地域のことなら、本なんか調べるより田中さんに聞くといいですよ。このあたりでいちばんのお年寄りで、いろんなことをよく知っているんですよ。

A：そうなんですか。田中さんの連絡先、教えていただけますか。

質問：田中さんはどんな人ですか。

a. この地域の資料を管理している人です。

b. この地域でいちばん親切な人です。

c. この地域のことをいちばんよく知っている人です。

d. この地域でいちばん若い人です。

(4) 質問：李さんは毎日猫に食べ物をやっていますか。

A：あ、きょうも来た。

B：あれ、その猫、李さんの猫ですか。

A：いえ、一度、食べ物をやったら、それ以来、毎日来るようになっちゃって。

B：そうなんですか。

A：可愛いでしょう。

質問：李さんは毎日猫に食べものをやっていますか。

a. 李さんの猫なので、もちろん毎日食べ物をやっています。

b. 李さんの猫ではないので、食べ物をやったことはありません。

c. 李さんの猫ですが、食べ物はやりません。

d. 李さんの猫ではありませんが毎日来るので、食べ物をやって可愛がっています。

第27課　受　験

2. テープを聞いて、同じ意味になるようにa～eから選び（　）に記号を書いてください。
   (1) きょうはきのうほど暑くありませんね。
   (2) 二人とも足が速いですね。でも弟さんはお兄さんほど速くありませんね。
   (3) 他のどの山も富士山ほど美しくはありませんね。
   (4) 料理が大好きです。でも私の料理は母ほど上手にはできません。

3. テープを聞いて、理由としてふさわしいものを選んでください。
   (1) 朝起きられませんよ、早く寝なさい。
   (2) おしゃべりはやめて静かにしなさい。
   (3) 習ったところはしっかり復習しなさい。
   (4) 人込みに行かないように気をつけなさい。
   (5) この手紙を読んだらすぐに連絡をしなさい。

第4単元の練習（第25～27課）

练习答案

1. （1）ねっしん　（2）じっかん　（3）うけつけ　（4）きじ　（5）なや
　（6）はたら　（7）あせ　（8）むり　（9）さっそく　（10）やわ

2. （1）単位　（2）支払　（3）弱気　（4）耳鼻科　（5）初心者
　（6）自然　（7）上達　（8）目指　（9）探　（10）励

3. （1）a　（2）b　（3）b　（4）a　（5）b　（6）b　（7）a　（8）d　（9）c　（10）a

4. （1）b　（2）c　（3）b　（4）a　（5）a

5. （1）b　（2）a　（3）c　（4）d　（5）d

6. （1）a　（2）b　（3）d　（4）a　（5）b　（6）d　（7）b
　（8）c　（9）d　（10）b　（11）c　（12）b　（13）b　（14）b
　（15）a　（16）a　（17）c　（18）a　（19）b　（20）d

7. （1）いってらっしゃい。
　（2）しっかりしなさい。（だいじょうぶだよ）
　（3）いいえ、まだまだです。
　（4）そんなことないよ。
　（5）（それは）おめでとうございます。（ほんとう？それはよかった）

8. （1）生活が便利になればなるほど運動不足になってしまう。
　（2）事故があったので、電車の中で40分も待つしかなかった。
　（3）今度の試験の結果をみて、どこの大学を受験するか決めるつもりです。
　（4）遅刻して先生に怒られちゃった（／怒られてしまった）。

(5) お風呂に入っている時に電話がかかってきて困った。

(6) みんな有名な企業に行って働きたがるが、わたしは、小さい会社のほうがいい仕事をさせてもらえると思う。

(7) テレビやインターネットのために、人々の読書時間はますます短くなってきた。

(8) 大学院に進むかどうかまだ決めていませんが、とりあえず資料だけはもらって来ました。

(9) こどもたちができるだけ早い時期から地域社会とのつながりを実感できるように、学校は子供たちにボランティア活動に参加するように呼びかけている。

(10) 最近は、インターネットの普及により、地方に住んでいても首都圏と同じ質と量の情報が入手でき、時代に遅れることはない。Uターン就職も出身地域の活性化に貢献するのではないだろうか。

第28課　ディスカッション

译文

会　话　1　　日　语　课

（在日语课上，李东发言）

远藤老师：今天请大家讲一讲各自查阅的东西，先请李东发言。你发言的内容是什么呢？

李　　　：我想就近来从大地震中学到的东西来谈一谈。

远藤　　：好的，请讲吧。

李　　　：正如大家所知，新中国成立以来，最大的地震是1976年的唐山地震，据说仅次于唐山地震的是 2003 年的新疆地震。在新疆地震当中，学校、医院等建筑物倒塌，伤亡惨重。近年来，在世界很多地区都发生过相同规模的地震。具体情况是怎样的，我们来看一下阪神淡路大地震。请看大屏幕！看得见吗？

学生　　：看得见。

李　　　：在这次地震当中，家具倒落和房屋倒塌造成了重大伤亡。另外，地震之后发生的火灾是扩大受灾范围的另一个原因。这幅画面就是地震刚刚结束之后发生火灾的情形。

学生　　：哇，真恐怖啊！

李　　　：据说因为这次地震，不仅是受灾地区，在日本，人们都在认真地考虑地震的对策。到目前地震的预报技术在不断进步，今后将会进一步发展。但为了防备地震，首先我们每个人在平时就要有保护自己的意识，这是很有必要的。（发言在继续）

会　话　2　　同　学　的　提　问

（针对李东的观点，同学们发言）

远藤老师：关于李东的发言，谁有什么问题？

赵　　　：我有问题！

远藤　　：好的，赵媛媛！

赵　　：地震的预报技术发展到了什么程度？
李　　：随着地质勘测及对以往数据分析的进步，听说已经能够预测出地震发生可能性大的区域。
赵　　：除了区域外，不能预测发生的时间和规模吗？
李　　：好像只能了解大概的情况。每次大地震发生的时候，我们在平时做好防震准备就行了，预防地震是不可能的。
赵　　：是这样啊！
王　　：我想提问！
远藤　：王宇翔，请吧！
王　　：即便不能预防，但可以想方设法尽量使地震带来的危害的程度降低呀！
李　　：我同意王宇翔的观点。关键是需要居民的努力。

课文　南北报社论：国际社会的交流和IT的进步

　　有人说IT（Information Technology）为现代社会的全球化交流做出了贡献。的确如此，近年来随着IT的进步，我们的日常生活，特别是人与人之间的交流方式发生了变化。

　　说起IT，很多人会想到英特网。英特网是指在全世界的电脑终端之间建立起来的互联网。在英特网上，某个地区或社会的公民可以把自己所拥有的、作为文化精神财产存在的信息和知识在瞬间跨越国界传达出去。也就是说，英特网的特点是无国界。通过英特网，我们无论在何时何地都可以在第一时间按需要量的多少从地球上的某一地方获取所需信息。

　　迄今为止，每当飞机、国际电话等新的交通工具、通讯工具产生的时候，我们对地球大小的认识都会发生新的变化。由于英特网的发展，人们觉得地球变得更小更狭窄了。

　　由于英特网的普及，人们不再意识到国界的存在，感觉地球也变得更加狭小，于是人和人之间沟通思想的方法也发生了变化。这一变化的结果体现为新的国际社会交流方式的产生。

　　英特网提供的全球化环境往往使我们忘记自己所处的场所。如果上了网，假如身在东京的一间狭小的公寓中，下一个瞬间就能够通过设想体验到地球相反一侧的生活。置身于自己的国家或社会中，在自己喜欢的时候，可以接触到地球另一侧的国家或社会的各种信息。从某种意义上来说，遥远的国家变近了。

　　但是，这种假想体验无论多么接近真实的体验，还是比不上实际体验。真正意义上的把遥远的国家拉近，只能是我们跨越实际的、物理的空间、时间移动到另一

个地方，用自己的眼睛去看、用自己的耳朵去听、实际感受那个国家或社会。英特网上的假想体验还是无法超越真实的体验。真正的国际社会交流应该是在 IT 进步的基础上，通过人和人之间的接触、交流而实现的。

教学难点

会话 1

  王：東京は大丈夫かな。

  趙：え、どうして？

  王：どうしてって……

  由于王宇翔马上要去东京留学了，因此，不免担心多发地震的东京会不会再次发生地震。赵媛媛没有理解王宇翔的意思。王宇翔回答的"どうしてって……"是"什么为什么"的意思。

教学建议

  本课学习的主要内容之一是发表自己的观点时的一些常用的表达方式。要引导学生意识到学习一些固定的表达方式时记忆是一种有效的学习方法。

练习答案

I. 文字、词汇、语法

1. (1) たいおう　　(2) たよう　　(3) かおく　　(4) ちょくご　　(5) しんぽ
　　(6) はつげん　　(7) ぼうさい　(8) こう　　　(9) ふせ　　　　(10) そつう

2. (1) 真剣　　　　(2) 質疑応答　(3) 接触　　　(4) 技術　　　　(5) 火災
　　(6) 減　　　　　(7) 賛成　　　(8) 本物　　　(9) 変容　　　　(10) 瞬間

3. (1) b　(2) a　(3) d　(4) a　(5) c　(6) b　(7) c　(8) d　(9) a　(10) b

4. (1) に次いで　　(2) について　　(3) につれて　　(4) を通して
　　(5) によって（を通じて）　　(6) に加えて　　(7) として

第28課 ディスカッション

5. (1) 彼女は会うたびに、違うめがねをかけています。
   (2) 肉だけでなく、野菜も食べなければならない。
   (3) 前は車が運転できませんでしたが、今は運転できるようになりました。
   (4) その電車に乗るには、予約をとる必要があります。
   (5) 時間が経つにつれて、悲しみが薄らいできた。
   (6) 彼は重要な情報を知っていながら、ぜんぜん教えてくれませんでした。

6. 例
   (1) 公衆電話を使う人が少なくなりました
   (2) 間違えてしまって、悔しい
   (3) 運動がもっともいい方法だと思う
   (4) 魚は食べられませんでしたが・食べられる
   (5) わたしの似顔絵を描いてくれるので、楽しみだ
   (6) 大学の規則を守る

7. (1) d (2) a (3) d (4) b (5) a (6) d (7) c (8) d (9) a (10) b

8. (1) きて   (2) いき   (3) いく   (4) きた   (5) きます
   (6) いく   (7) きた   (8) きた   (9) きた   (10) いく
   (11) きました (12) いく

9. (1) で、には（なら）、に   (2) に   (3) から、に、と
   (4) で、を   (5) だけ、も (6) に
   (7) に、に、に   (8) と、ながら、を

10. (1) 暖かくなるにつれて、遊びに出かけて行く人も増えてきました。
    (2) この自転車は小型ながら、性能がいい。
    (3) 「先生、どの大学を受ければいいですか。」
       「相談に乗りますが、自分の進路は自分で決めるべきですよ。」
    (4) 父は出張するたびに、その土地のお土産を買って来てくれます。
    (5) 初心者はともするとこんな間違いをしがちです。
    (6) 先月子供に買ってやったばかりの靴が、今はもうきつくなった。
    (7) いい成績をとるために、これからも頑張っていくつもりです。

Ⅱ．听力

1. (1) c　(2) a　(3) d　(4) b

2. (1) ×　(2) ×　(3) ○　(4) ×

Ⅲ．阅读

　　(1) b　(2) d

听力练习文字资料

1. テープを聞いて、例のように正しい答えを1つ選んでください。

　　例　質問：携帯電話を使っていますか。

　　　　A：携帯番号があれば教えてください。

　　　　B：いいですよ。あれ、自分の番号はどうやって見るのかなあ。

　　　　A：あ、わからなければ、家の電話番号でいいですよ。

　　　　B：すみません。最近使うようになったばかりで、まだよくわからないんです。

　　質問：携帯電話を使っていますか。

　　a. 最近使うようになりました。

　　b. まだ使っていません。

　　c. ずっと前から使っています。

　　d. よくわからないので使いません。

　(1) 質問：試験勉強をしていますか。

　　　A：試験が近くなりましたね。

　　　B：試験勉強は進んでますか。

　　　A：それが……、勉強をするべきだと思いながら、ゲームをしてしまうんです。

　　　B：実は私も。

　　質問：試験勉強をしていますか。

　　a. ゲームをしながら勉強をしています。

　　b. 勉強をする気はありません。

　　c. 勉強していません。

　　d. 勉強は進んでいるので、ときどきゲームもします。

(2) 質問：このグループは人気がありますか。
　　A：このグループ、最近、ときどきテレビに出てるね。
　　B：私は、みんなにあまり知られていないときから好きなんだけど、コンサートを開くたびに、ファンが多くなってきているよ。
　　A：そうなんだ。
　　B：これからもっとファンが増えてくると思うよ。
　　質問：このグループは人気がありますか。
　　a. だんだん人気が出てきています。
　　b. 人気がなくなっています。
　　c. ずっと前から人気があります。
　　d. コンサートのときだけ人気が出ます。

(3) 質問：高橋さんは手紙について何と言っていますか。
　　A：何を読んでるんですか。
　　B：ああ、王さん。友達からの手紙です。日本から送ってくれたんです。
　　A：そうなんですか。いいですね。高橋さんは手紙をよく書くんですか。
　　B：いいえ、eメールを使う友達が多くなるにつれて、手紙を書く機会は本当に少なくなりましたね。
　　A：メールは便利ですけど、やっぱり手紙をもらうとうれしいですよね。
　　B：ええ、本当に。
　　質問：高橋さんは手紙について何と言っていますか。
　　a. メールは便利なので、手紙は必要ないと思います。
　　b. メールを使う人が増えているので、手紙は役に立ちません。
　　c. メールを使わないので、手紙をよく書きます。
　　d. メールは便利ですが、手紙をもらうとうれしいです。

(4) 質問：どうしてファイルが開けないのですか。
　　A：あれ、ファイルが開けない。パソコンが壊れたのかな。
　　B：ちょっと見せてください。ああ、このファイルを開くには、特別なソフトが必要なんですよ。
　　A：そうなんですか。
　　B：私のパソコンを使えば見られますよ。
　　A：じゃあ、ちょっと貸してもらえますか。
　　B：いいですよ。

質問：どうしてファイルが開けないのですか。
a. パソコンが壊れているからです。
b. このファイルを見るには特別なソフトが必要だからです。
c. 操作を間違えたからです。
d. ファイルが壊れているからです。

2. テープの内容と合っていたら〇、間違っていたら×を書いてください。

　アルバイトは学生でありながら、社会のいろいろな仕事を体験できるいい機会である。大学の中では知り合うことの出来ない人々と出会うことができ、大学の授業では学べないことを学ぶことができる。つまりアルバイトをすることによって、視野を広げることができるのである。また、どんな仕事が自分に合っているか見つけることもできるかもしれない。しかし、ともするとアルバイトばかりに一生懸命になって、勉強の時間がなくなってしまうということもあるので、十分注意しなければならない。

第29課　アルバイト

译文

会话1　应聘打工

（在校园的食堂里）
山田：啊，赵媛媛，等了一会儿了吧？
赵　：啊，山田，对不起！你这么忙还……。
山田：别客气！找我商量什么？
赵　：其实是打工的事。
山田：打工？
赵　：嗯！我想在暑假里打能用得上日语的工。
山田：为什么突然……？
赵　：不知不觉日语学到了现在，李东参加了演讲比赛，王宇翔可能要去留学……。
山田：哦。
赵　：所以，我突然觉得自己也得干点什么。现在我特别想找一份能用得上日语的工作来检验一下自己的能力。
山田：是这么回事啊，那很好嘛。什么工作好呢？
赵　：什么都行，只要能用日语，报酬低一点儿也没关系啊。
山田：是吗，那翻译的工作怎么样啊？
赵　：啊，翻译？
山田：是的，昨天刚刚有人托我找能翻译的人。
赵　：我能行吗？
山田：你不是想试试自己的能力吗？啊，对不起！我马上要上课了，再跟你联系吧。
赵　：啊，好，好吧。那就拜托你了！

会话2　打给公司的电话

（在电话中）
丸井：你好。
赵　：喂，我是京华大学的赵媛媛。我找人事科的丸井先生。

丸井：哦，我就是！

赵　：啊，您就是丸井先生吗？是京华大学的山田香织介绍我给您打电话的。您现在说话方便吗？

丸井：哦，你是山田的师妹吧，请讲！

赵　：是这么回事，我听山田说贵公司正在找能做翻译的人，现在还需要吗？

丸井：是的，还在找。

赵　：是吗。我是京华大学日语专业的学生，学日语有两年了，要是可以的话，能让我来兼职吗？

丸井：是这样啊。那请你务必来一趟，我们谈一谈。

赵　：谢谢！我什么时候去合适呢？

丸井：是啊，明天下午怎么样？

赵　：3点以后可以。

丸井：那请你3点半来这里一趟吧。但即便面试了也不一定马上就能录用，可以吗？

赵　：好的，没关系！请多关照！

丸井：那，明天见！我等着你。

赵　：谢谢！再见！

课文　即将开始的求职活动：面向大学生的杂志的报道

企业重视面试的倾向逐年增强。如何在有限的面试时间内表现自我？这里总结了学长们的建议。

＜面试的准备＞

总结一下学生生活

在求职活动中肯定会被问到"你的大学生活是怎样的"。不一定是只要有非同寻常的经历就会被录用。不仅仅是经历本身，希望你们补充上今后如何有效地利用这种经历等的附加值。用自己的语言具体地表述出来，这很重要。

了解自己

以正面把握自己，并以"积极地"、"独创地"等关键词表达出来。实际交谈的时候，举一些具体的例子，使内容具有说服力。

了解社会

在求职活动中，需要有主动作用于社会的姿态和意识，要养成在平时就对社会问题、国际问题持有问题意识的习惯。不要临阵磨枪，而要日积月累地努力，这样就能用自己的话来回答问题了。

> 注意仪表

人的内在素质很重要，但在有限的面试时间里，我们也要注意决定第一印象的外表。清洁感很重要，不要令对方感到不快。

> 不要放弃，挑战到底

在已步入社会，如今愉快地工作着的学长们当中，有很多人是到毕业前夕才把工作定下来的。尽管工作一直没有着落，但他们并不在意周围人的看法，而是要找到适合自己的工作。让我们以不渝初衷的精神努力吧。

教学难点

会话1

1. 待った？

"等了很久了吧"的意思。用于关系亲近者之间。

2. わたし、今までなんとなく日本語を勉強してきたんですけど。

"わたし"的后面省略了助词"は"，这样句子就不是生硬的客观描述，而更加口语化，更加生动。

教学建议

本课的两段会话都非常实用，要引导学生注意学习相应的固定表达方式。

练习答案

I. 文字、词汇、语法

1. (1) じゅうし　　(2) てつや　　(3) まぎわ
　 (4) こうえん　　(5) がいけん　　(6) ため
　 (7) せっとくりょく　(8) どくそうせい　(9) せいこう
　 (10) せいけつ

2. (1) 意欲　(2) 内定　(3) 翻訳　(4) 姿勢　(5) 採用
　 (6) 中身　(7) 不快　(8) 傾向　(9) 有利　(10) 復習

3. (1) d (2) a (3) b (4) a (5) c (6) d (7) a (8) c (9) d (10) b

4. (1) 帰らせ　(2) 食べた　(3) おいしい　(4) 学生らしく
   (5) あれ　　(6) 休ませて　(7) いやで　　(8) 吹かない

5. (1) 8時のバスはたった今出たばかりです。
   (2) 日本語を教えているのは日本人とは限らない。
   (3) 庭がとてもきれいですから、ここで一枚写真を撮らせていただけませんか。
   (4) 可愛がっていた猫が死んでしまって、悲しくてしかたがありません。
   (5) プレゼントなので、リボンをかけていただけませんか。
   (6) 先生は今報告書を書かれています。

6. (1) a (2) d (3) a (4) c (5) c (6) a (7) b (8) c (9) d (10) a

7. (1) ええ、買ったばかりです。
   (2) いいえ、けっこうです。飲んだばかりです。
   (3) いいえ、お金持ちが必ずしも幸せとは限りません。
   (4) このごろの天気は春らしくて、暖かいです。
   (5) レポートを提出しても、合格とは限りません。
   (6) 先生、あした休ませていただけませんか。
   (7) 残念でしかたがない。
   (8) 宿題を出さないでほしい。テストをしないでほしい。授業中私の名前を呼ばないでほしい。
   (9) わがままですが、母に部屋の掃除をしてほしい。父にパソコンを買ってほしい。両親に海外旅行のお金を出してほしい。友達にもっと私の気持ちが分かってほしい。
   (10) 先生に試験問題を簡単にしてほしい。日本人留学生を紹介してほしい。

8. (1) には、に　　(2) でも　　(3) なんて　　(4) に、と
   (5) に、か、が　(6) の、に　(7) から、とは　(8) のに
   (9) し、から、で

第29課　アルバイト

9. (1) この携帯はこの間買ったばかりなのに、もう壊れてしまった。
　　(2) 成績のいい学生が必ずしも就職試験に合格するとは限らない。
　　(3) そんなことを言うのはいかにも彼らしいです。
　　(4) あなたさえそばにいて下されば、ほかには何も要りません。
　　(5) 荷物を降ろしたいので、ここにしばらく車を止めさせていただけませんか。
　　(6) 私は二度も自転車を盗まれました。腹がたってしかたがないです。
　　(7) あまり仕事が多いので、だれかに手伝ってほしいと思っています。
　　(8) 娘にはいつまでもきれいでいてほしい。父には長生きでいてほしい。

II．听力

1. (1) a　(2) b　(3) c　(4) b

2. (1) ×　(2) ×　(3) ×　(4) ○

III．阅读
　　B、D

听力练习文字资料

1. テープを聞いて、例のように正しい答えを１つ選んでください。
　例　質問：おじいさんの家族はこの人に遊びに来てほしいですか。
　　　A：おじいさんはお元気でいらっしゃいますか。
　　　B：耳はちょっと遠くなりましたが、元気ですよ。
　　　A：そうですか。また遊びに行ってもよろしいですか。
　　　B：ええ、ぜひ。
　　質問：おじいさんの家族はこの人に遊びに来てほしいですか。
　　　a. 来てほしいです。
　　　b. 耳が遠いので来てほしくありません。
　　　c. ぜったいに来てほしくありません。
　　　d. 病気がなおったら来てほしいです。
　(1) 質問：王さんはどんな人ですか。
　　　A：はい、じゃあ、宿題の作文を集めます。
　　　B：あっ、しまった！先生、すみません、宿題を忘れてしまいました。

A：宿題を忘れるなんて王さんらしくないですね。あとで、研究室まで持って来てください。

B：わかりました。すみません。

質問：王さんはどんな人ですか。

a．宿題を忘れることがない人です。

b．よく宿題を忘れる人です。

c．宿題を忘れても、悪いと思わない人です。

d．ほとんど宿題をすることがない人です。

(2) 質問：山田さんは趙さんに何をお願いしましたか。

A：もしもし、趙さん、お願いがあるんですけど。

B：あ、山田さん、何ですか。

A：実は、朝から、頭が痛くてしかたがないんです。

B：えっ　それは大変。

A：それで、病院に行こうと思うんですが、中国語に自信がないので、趙さんに一緒に来てほしいんです。

B：いいですよ。すぐに行きましょう。

A：それから、このことをみんなに言わないでほしいんです。心配掛けたくないので。

B：わかりました。

質問：山田さんは趙さんに何をお願いしましたか。

a．病院に行くことをみんなに言っておいてほしい。

b．一緒に病院に行ってほしいが、みんなには言わないでほしい。

c．みんなと一緒に病院に来てほしい。

d．心配をかけたくないので、一緒に病院に来ないでほしい。

(3) 質問：姜さんはあした研究室へ行きますか。

A：もしもし、日本語科の姜と申しますが。

B：ああ、姜さん。何でしょうか。

A：今度の日本文化祭で日本の歌を歌おうと思うんですが、先生は日本の歌のＣＤを持っていらっしゃいますか。

B：ええ、何枚かありますよ。

A：ぜひ、お借りしたいんですが、明日の２時ごろ研究室へ伺ってもよろしいですか。

B：いいですよ。

第29課　アルバイト

　　　質問：姜さんはあした研究室へ行きますか。
　　　a．先生の時間の都合が悪いので行きません。
　　　b．先生に歌のＣＤを差し上げに行きます。
　　　c．先生に歌のＣＤを貸してもらいに行きます。
　　　d．先生に日本の歌を歌ってもらいに行きます。
（4）質問：どうしてギターを習い始めましたか。
　　　Ａ：山田さんはいつからギターを習っていらっしゃるんですか。
　　　Ｂ：２年前からです。
　　　Ａ：どうして、習い始めたんですか。
　　　Ｂ：友達に誘われて、何となく始めたんです。でも、けっこう楽しいんですよ。それで２年も。
　　　Ａ：そうなんですか。
　　　質問：どうしてギターを習い始めましたか。
　　　a．２年前からギターを習いたいと思っていたからです。
　　　b．友達に誘われたからです。
　　　c．ギターを弾くのは楽しいからです。
　　　d．２年前にギターを買ったからです。

2．テープの内容と合っていれば○、間違っていれば×を書いてください。
　Ａ：もしもし、日本料理クラブ代表の森さんでいらっしゃいますか。
　Ｂ：はい、森ですが。
　Ａ：南北大学日本語科の陳と申しますが。
　Ｂ：はい。
　Ａ：クラブのことについてちょっと伺いたいんですが。
　Ｂ：はい。何でしょうか。
　Ａ：そちらのクラブでは、いつ活動をしていらっしゃるんですか。
　Ｂ：えーと、週に１回、土曜日の午前10時半から活動しています。市民文化センターの２階でやっています。
　Ａ：メンバーは何人くらいいらっしゃるんですか。
　Ｂ：15人です。でも毎回全員来るとは限りません。いつもだいたい10人前後ですね。
　Ａ：そうですか。一度見学させていただけないでしょうか。
　Ｂ：ええ、かまいませんよ。きょうは木曜日ですから、次の活動はあさってです。

A：わかりました。でもあさってはちょっと都合が悪いので、次の土曜日に、伺わせて頂きたいのですが。
B：けっこうですよ。
A：ありがとうございます。
B：お待ちしています。
A：じゃ、失礼します。

第30課　旅だち

译文

会话 1　问候老师

（在校园，王宇翔向远藤老师跑去）

王　　　：远藤老师！您要回去吗？

远藤老师：啊，王宇翔，听说互换留学的事定下来了，祝贺你！

王　　　：哦，您已经知道了啊？

远藤　　：嗯，昨天胡老师来，告诉我的。

王　　　：托您的福，9月份就要去日本了，我也正想向您道谢呢！

远藤　　：真是不错啊！你和父母已经联系过了吗？

王　　　：嗯！昨天晚上打电话告诉他们了，他们俩都很为我高兴。他们说"好不容易争取到去日本的机会，你要好好努力"。

远藤　　：哦，是吗。你父母对你的未来也抱有很大的希望，努力吧！

王　　　：好！是这样，老师，去日本之前我得向东西大学提交一篇作文，您能帮我看看吗？

远藤　　：关于什么的作文？

王　　　：题目是《我和日语》。昨天晚上我开始写，但有几处不知道该怎么说……。

远藤　　：知道了，那你写完之后拿到我这里来吧！

王　　　：好的，那就拜托您了！再见！

远藤　　：再见！

会话 2　告别

（王宇翔的好朋友聚集在餐厅开欢送会）

渡边：差不多了，开始吧！赵媛媛呢？

李　：哦，刚才她来电话说因为在打工可能要晚30分钟左右，让咱们先开始。

渡边：是吗？赵媛媛放暑假以后好像很忙啊。

李　：是啊！忙是忙但好像很充实。赵媛媛说能用得上日语，收获很大，她非常高兴。

渡边：我也找个什么事儿做吧。
王　：渡边和高桥考试都通过了，真好！
高桥：王宇翔互换留学的事也定下来了，李东在演讲比赛中也拿了第一名。
渡边：说起来，我们这些人是从美穗和王宇翔的相识开始认识的。
王　：是的是的！我骑着自行车，正要拐弯的时候差点儿撞到高桥。
铃木：哦？有这样的事？
王　：嗯，第二天铃木介绍高桥和我认识，之后我们见了几次面就开始互学了。
渡边：现在我们大家好像每天都在互学。
王　：是啊！
铃木：那，我们先用果汁来干杯吧！
王　：好，那我们以后也要常联系啊！
大家：干杯！

课文　我和日语

王宇翔

　　刚刚结识的日本人常会问我"日语好不好学"。刚开始学的时候我回答说"很难，不好学"。但现在要是再有人这么问我的话，我就回答说"虽然很难，但能用日语交流觉得很愉快"。那是因为在同日本朋友和中国朋友一起经历各种事情的过程中，我感受到了心与心相通的可贵之处。

　　人所生长的国家和文化不同，思维方式和感受方式肯定也不同。以前在我内心的某些地方还有这样的成见。但在同日本朋友一起去听音乐会，就现场的热烈气氛和我们的兴奋心情进行交谈，以及考试前互相鼓励的过程中，我的成见不知不觉地消除了。而且还认识到想法的不同主要源于个人的差异。同日本朋友和中国朋友一起做事、交谈时，有时意见会不一致。中国人之间或日本人之间也不一定想法总是相同的。上大学之后有过几次这样的经历，那时，我们就用日语这个共同的语言，就为何对方持有不同的观点这一问题，谈到能够相互理解为止。这对我来说确实是宝贵的经历。

　　下个月起我将去日本留学一年。我有些担心能否在新的环境中很好地生活下去。但惧怕失败的话就什么也做不了。难得去日本，我要积极地扩大交流的范围，多和别人交谈，努力使自己成为视野开阔的人。

第30課　旅だち

教学难点

会话1

　　1. ～と言われました

　　表示别人对自己说了什么时，经常使用"～と言われました"的表达方式，这样的习惯与汉语不同，要掌握需要特别的注意。

　　2. 遠藤：わかりました。

　　接受请求时有时候可以用"わかりました"表达，这段对话中远藤老师这样说表示接受王宇翔的请求，"好的，你写完后拿到我这里来吧"的意思。

教学建议

　　本课是对出场人物一年生活的总结，也可以让学生对自己的学习进行一下自我评价，把好的经验带到中级的学习之中去。

练习答案

I. 文字、词汇、语法

1. (1) ゆうしょう　(2) かんぱい　(3) こと　(4) つう
   (5) きょうそう　(6) きょうつう　(7) おお　(8) たびだち
   (9) であ　(10) そだ

2. (1) 充実　(2) 恐　(3) 先入観　(4) 財産　(5) 予知
   (6) 別　(7) 興奮　(8) 貴重　(9) 視野　(10) 失敗

3. (1) a (2) c (3) a (4) b (5) c (6) d (7) a (8) a (9) c (10) b

4. A (1)　(5)　(6)　(9)
   B (3)　(7)　(10)
   C (2)　(4)　(8)

5. (1) 立とう　(2) 訪問された　(3) 考えさせて　(4) 紹介して
   (5) 入れよう　(6) 降り　(7) し　(8) なられます

6. (1) a (2) b (3) b (4) c (5) d (6) b (7) b (8) b (9) c (10) a

7. (1) 道を教え
   (2) いつ行っ
   (3) 日が暮れました
   (4) 電話がかかってきた
   (5) 信号が赤になってしまった
   (6) あの女優が好きになった
   (7) やらせて
   (8) 説明し

8. (1) ございます、申します、いらっしゃいます、おります、お帰りになります、お電話いたします
   (2) 話されます
   (3) していらっしゃいます（なさっています）
   (4) お伝えください
   (5) 作られました
   (6) ご存知です
   (7) 住んでいらっしゃいます（お住まいです）
   (8) いらっしゃいます
   (9) なさいます
   (10) お持ち
   (11) ご紹介し（ご紹介いたし）
   (12) いただきます

9. (1) 王府井で電車を降りようとしたんですが、乗って来る人が多くて降りられなかったんです。
   (2) 卒業するときに先生が話されたことを、私は一生忘れない。
   (3) 皆が寝ているときに、彼は起きて働いた。
   (4) ここの景色はすばらしいですね。写真を一枚撮っていただけませんか。
   (5) 美術館の絵はほんとうにきれいですね。写真を一枚撮らせていただけませんか。
   (6) 「お持ち帰りですか。ここでお召し上がりですか。」
   「ここで食べます。」

(7) 話し合いの結果、今度の修学旅行の行き先は京都に決まった。

(8) 日曜日に友達のところへ遊びに行こうと思って、電話をかけてみたら、留守でした。

II．听力

1. (1) b (2) d (3) c (4) b

2. (1) b (2) c (3) e

3. (1) × (2) ○ (3) × (4) ×

III．阅读

問題1　d

問題2　d

听力练习文字资料

1. テープを聞いて、例のように正しい答えを1つ選んでください。

   例　質問：先生は今から何をしますか。

   A：先生、お帰りですか。

   B：いいえ、今から胡先生のところで会議です。王さんはどこ行くの？

   A：ええ、祖母のところへ。

   B：そうですか。おばあさんのうちは近いの？

   A：バスで30分くらいです。

   質問：先生は今から何をしますか。

   a. 胡先生のところへ帰ります。

   b. 会議に参加します。

   c. おばあさんのうちへ行きます。

   d. バスに乗ります。

   (1) 質問：ビルの工事はいつまで続きますか。

   A：毎日、工事の音がうるさいなあ。いつまで続くのかな。

   B：建て始めたばかりだからね。

   A：ビル、早く出来上がらないかな。

質問：ビルの工事はいつまで続きますか。
a. もうすぐ終わると思います。
b. しばらく続きそうです。
c. ずっと続いてほしいです。
d. 続かないと思います。

(2) 質問：今週末、何をしますか。
A：先輩の就職活動レポート、拝見しました。本当に勉強になりました。
B：そう、それはよかった。
A：もっと詳しくお話を聞かせていただけませんか。
B：あ、いいよ。じゃ、今週末はどう？
A：はい、よろしくお願いします。
質問：今週末、何をしますか。
a. 先輩のレポートを読みます。
b. 先輩と食事をします。
c. 就職活動をします。
d. 先輩に話を聞きに行きます。

(3) 質問：女の子は宿題をしていましたか。
A：宿題はしたの？
B：お母さんは、いつもわたしが勉強をしようと思ったときにそういうこと言うのよね。
A：あら、そう。
B：人に勉強しなさいって言われると勉強する気がなくなるのよね。
A：速くやりなさい。
質問：女の子は宿題をしていましたか。
a. いつも勉強をしていました。
b. ちょうど宿題をしていました。
c. まだ宿題を始めていませんでした。
d. もう宿題が終わっていました。

(4) 質問：日本の食事はどうですか。
A：日本の食事はどうですか。
B：おいしいですね。
A：そうですか。でも故郷の料理とはだいぶ違うでしょう。
B：ええ。日本で生活し始めたころは、味が薄くておいしくないと思いました。でも、毎日食べているうちに、大好きになりました。

質問：日本の食事はどうですか。
　　a. おいしくないので食べません。
　　b. 最初は味が薄いと思いましたが、今は大好きです。
　　c. 味が薄くて食べられません。
　　d. 故郷の料理とだいたい同じです。

2. 会話の内容に関係する絵を a～e の中から選び、（　）に記号を書いてください。
　(1) A：あのう、これ、先生が書かれたんですか。
　　　B：ええ、そうですが。
　　　A：貸していただけませんか。
　　　B：ええ、かまいませんよ。
　　　A：ありがとうございます。月曜日には返しに参ります。
　　　B：そんなに急がなくてもいいですよ。
　(2) A：何かお探しですか。
　　　B：うん、さっきまで、ここにあったはずなんだけどね。本を読もうと思ったら、見つからなくて。
　　　A：（笑いながら）先生……頭の上に……。
　　　B：あっ！
　(3) A：先生、どうでしょうか。
　　　B：内容的には問題ないね。ただ、文法的な間違いがいくつか。
　　　A：間違えたところ直していただけませんか。
　　　B：もちろん。きょうの夜、メールで送るよ。
　　　A：ありがとうございます。

3. テープの内容と合っていれば○、間違っていれば×を書いてください。
　大学に入学して、いつの間にか１年が過ぎました。この１年、たくさんの人に出会い、いろいろな経験をしました。人と話したり、初めての経験をしたりするなかで、いろいろなことを考えさせられました。大学を辞めてしまおうと思ったこともありました。その時、一人の友達が、わたしの悩みを聞いてくれて、どうするべきか一緒に考えてくれました。その友達は、今、わたしの一番の親友です。

たくさんの経験のうちには楽しいことばかりでなく、辛いことや悲しいこともありました。でも、すべての経験をこれからの生活のなかでプラスの方向に生かしていきたいと思います。

第5単元の練習（第28～30課）

练习答案

1. (1) いんしょう　(2) なかみ　(3) しんぽ　(4) ぎせい　(5) いよく
   (6) しんけん　(7) かぎ　(8) こ　(9) あら　(10) みずか

2. (1) 知識　(2) 充実　(3) 分析　(4) 可能性　(5) 興奮　(6) 伝
   (7) 重視　(8) 清潔　(9) 変化　(10) 南北

3. (1) a　(2) d　(3) a　(4) b　(5) b　(6) b　(7) d　(8) b
   (9) c　(10) b　(11) b　(12) b　(13) a　(14) c　(15) d

4. (1) c　(2) d　(3) a　(4) b　(5) a

5. (1) d　(2) a　(3) b　(4) d　(5) a

6. (1) a　(2) b　(3) b　(4) a　(5) d　(6) b　(7) d　(8) c
   (9) c　(10) a　(11) d　(12) a　(13) c　(14) d　(15) b　(16) d
   (17) d　(18) b　(19) b　(20) d

7. (1) 先生、荷物をお持ちします
   (2) ご覧になりましたか
   (3) おっしゃいましたか
   (4) 参りました
   (5) いただきます（／ありがとうございます）

8. (1) 若いうちにいろいろ経験したい。
   (2) 留学する前に、ありとあらゆる手段を使って日本の色々な大学院を調べた。

(3) 学生はしっかり勉強するべきだ。

(4) 最近は春節を自宅で過ごさない人が増えてきました。

(5) お金で何でも解決できるとは限らない。

(6) 皆さんの励ましで自信が持てるようになった。

(7) この曲を聴くたびに、自分の若かった頃を思い出します。

(8) 会議の準備をしなければならないんですが、手伝っていただけませんか。

(9) 失敗を恐れていたら何もできない。せっかく日本に来たのだから、積極的に交流の輪を広げ、視野の広い人間になれるように努力したい。

(10) インターネットへアクセスできさえすれば、東京の狭いアパートの一室にいても、次の瞬間には、地球の反対側の生活を仮想体験することもできるのだ。自分の国や社会にいながら、好きなときに、地球の反対側の国や社会のありとあらゆる情報に触れることができる。

総練習

练习答案

1. (1) にもつ (2) ふきゅう (3) かしきり (4) いちやづけ
   (5) ねっしん (6) たが (7) ふか (8) たお
   (9) きざ (10) へ

2. (1) 自由 (2) 縁起 (3) 賛成 (4) 浅 (5) 澄 (6) 悩
   (7) 息抜 (8) 騒 (9) 壊 (10) 似合

3. (1) b (2) c (3) d (4) b (5) b (6) c (7) b (8) b
   (9) c (10) a (11) a (12) b (13) a (14) c (15) c

4. (1) a (2) c (3) b (4) c (5) a

5. (1) b (2) c (3) a (4) c (5) d

6. (1) d (2) c (3) c (4) c (5) c (6) b (7) a (8) b
   (9) d (10) a (11) a (12) b (13) d (14) b (15) a (16) b
   (17) c (18) c (19) c (20) d

7. (1) c (2) a (3) c (4) b (5) d

8. (1) 病気になってもちろん大変だったが、病気のおかげで友達のありがたさがわかった。みんなのやさしさをいつまでも忘れないだろう。
   (2) 日本人の友達とコンサートに行って、会場の熱気と興奮について語り合ったり、試験前に励まし合ったりしているうちに、私の先入観はいつの間にか消えていた。
   (3) 2002年の中日国交回復30周年の記念日に、日本の有名なバンドや歌手が北京でコンサートを開き、中国の多くの若者が生の歌や演奏を楽しんだ。

（4）鐘の音を聞き、人々は行く年を惜しむ。そして、新しい気持ちで来る年を迎える。

（5）インターネットの普及によって、国境を意識することがなくなり、地球が狭く感じられるようになると、人と人との間の意思疎通の方法も変容し、その結果、新しい国際社会のコミュニケーション・スタイルが作り出された。